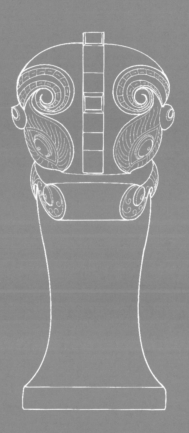

饕餮纹鼎
Ding with Ogre-mask Motif

西周

Western Zhou Dynasty

通高 48.6、口径 54.8、两耳宽 60 厘米

○

口微敛，平折沿，方唇较窄，耳略外撇，腹较浅，垂腹下鼓，圜底近平，蹄形足较粗矮。颈部饰饕餮纹，两侧饰窃曲纹带，纹带下为一周凸弦纹，足根部饰兽面纹。颈部和足根处有扉棱。

饕餮纹鼎

Ding with Ogre-mask Motif

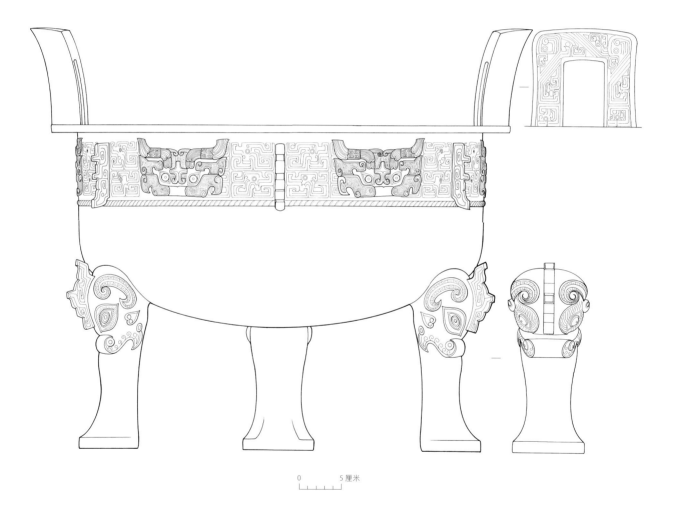

0　　5厘米

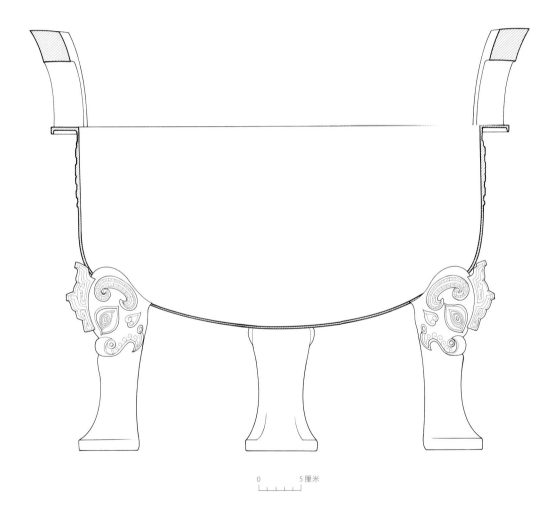

0　　5厘米

饕餮纹鼎

余扶危

　　饕餮纹鼎通高48.6、口径54.8、两耳宽60厘米，时代为西周晚期。

　　口微敞，平折沿，方唇较窄，耳略外撇，腹较浅，垂腹（下腹鼓），圜底近平，蹄形足较粗矮。颈部花纹和足根花纹中有扉棱。颈部饰饕餮纹，两侧饰窃曲纹组成的纹带，纹带下为一周凸弦纹，足根部饰兽面纹（图一）。

图一　饕餮纹鼎

我查阅了河南和陕西各地出土的有关西周和春秋时期的青铜鼎，发现西周早期、中期和春秋早期的青铜鼎与这件饕餮纹鼎差别较大，而西周晚期有的青铜鼎的特征基本与饕餮纹鼎的特征相同或相似。它们都为立耳外撇，腹较浅，垂腹，圜底近平，蹄形足，有的纹饰中和足根部有扉棱，纹饰多饰于颈部，不同之处是有的纹饰的种类有区别。现举一些与饕餮纹鼎相同或相似的西周晚期青铜鼎供大家参考：

例一：虢季墓重环纹鼎3件（M2001:130、126、150），口微敛，斜折沿较窄，方唇，立耳，浅垂腹，圜底近平，蹄形足。口沿下饰不尽相同的重环纹（图二）[1]。

例二：太子墓鼎（M2011:82），口微敛，平折沿，立耳，浅垂腹，圜底，蹄形足较粗高。沿下饰带状缠体龙纹，下以凸弦纹为界，耳部饰重环纹（图三）[2]。

例三：太子墓鼎（M2011:87），直口，窄平沿，方唇，立耳微外撇，腹上直下鼓，为垂腹，圜底近平，蹄形足较矮胖。口沿下饰有珠重环纹，下以凸弦纹为界（图四）[3]。

例四：环带纹鼎，立耳，平沿外折，圜底，蹄形足。口沿下饰窃曲纹，腹部饰环带纹，足根浮雕兽面，颈部纹饰用直线相隔，足根部兽面用直线作鼻。通高35、口径35.8、腹深28厘

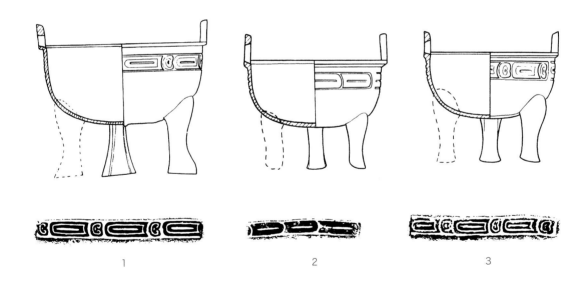

图二　重环纹鼎（M2001:130、126、150）

[1]　河南省文物考古研究所等：《三门峡虢国墓》，文物出版社，1999年。

[2]　同 [1]。

[3]　同 [1]。

米，重9.25公斤[4]。1963年扶风县庄白李村出土，宝鸡市博物馆藏。

例五：T605K2:1铜鼎，口微敛，斜平沿，方唇，立耳外撇，垂腹，圜底近平，蹄形足较高。腹部和足根部有直线扉棱，腹部六道扉棱将花纹分成六等份。腹部纹饰中央饰一凸起的绚索纹，上下各饰一周蟠螭纹，螭身有首有目有角；耳外饰5个变形独体虺龙纹，虺龙近"八"字形，中心单目，无首，浅浮雕状；鼎足上部饰凸起的兽面纹，以扉棱作鼻，兽角粗大内卷，上饰阴刻浮雕状重环纹或阴线重环纹，两大耳呈树叶形。通高54.5、口径53.1厘米（图五）[5]。

例六：T605K2:2铜鼎，形制、纹饰同例五。六扉棱大致呈长方形，大小差异较大，个别棱边不规整。最小的扉棱高7.8厘米。耳外侧的单体虺龙纹有双阴线轮廓边，蹄形足上兽首角部的重环纹中心加饰有长点状纹，兽须为阴线卷云状。通高53.4、口径52厘米（图六）[6]。

例七：洛阳东郊西周墓铜鼎（C5M906:2），平折沿，立耳，腹较深，垂腹，大圜底，蹄形足较低。口沿下饰重环纹与凸弦纹各一周。通高18.4、口径19.2厘米（图七）[7]。

例八：洛阳东郊西周墓铜鼎（C5M1135:2），敛口，立耳，浅垂腹，蹄形足较低。素面。通高13.6、口径13.5厘米（图八）[8]。

例九：洛阳白马寺西周晚期墓铜鼎（M21:1），直口，折沿，方唇，立耳微外撇，垂腹，圜底近平，蹄形足。颈腹部饰窃曲纹和凸弦纹各一周。通高22、口径22厘米（图九）[9]。

通过与上述西周晚期铜鼎相比较，饕餮纹鼎与这些铜鼎有的相同，有的相似，因而饕餮纹鼎的时代应为西周晚期。

鼎在我国有悠久的历史，最早是原始先民煮食物的炊具。这种煮食物的鼎最初为陶鼎，在我国新石器时代初期就已经出现，如河北磁山、河南裴李岗、甘肃大地湾及陕西华县老官台、华县元君庙、宝鸡百首岭等古遗址中均有发现，距今已有八九千年的历史。

陶鼎在八九千年前就有了，而铜鼎又是何时出现的呢？铜鼎是在陶鼎的基础上发展而来的。相传在黄帝时代就开始铸造铜鼎，史书记载："黄帝采首山铜，铸鼎于荆山下。鼎既成，有龙垂胡髯下迎黄帝。黄帝上骑，群臣后宫从上者七十余人，龙乃上去。余小臣不得上，乃悉持龙髯，龙髯拔，堕，堕黄帝之弓。百姓仰望黄帝既上天，乃抱其弓与胡髯号，故后世因名其处曰鼎湖，其弓曰乌号。"至今此地还流传着许多有关黄帝的传说故事和与黄帝有关的山名地名，如黄帝岭、轩辕台、蚩尤山等。至今黄帝铸鼎周围的一些村庄，还保留有"黄帝社"，各村轮流担任社首，每年农历二月初九（据说是黄帝生日）、九月初九（据说是黄帝升天日）祭祀黄帝。

---

[4] 陕西省考古研究所等：《陕西出土商周青铜器》（三），文物出版社，1979 年。

[5] 河南省文物考古研究所：《新郑郑国祭祀遗址》（上），大象出版社，2006 年。

[6] 同 [5]。

[7] 洛阳师范学院等：《洛阳考古集成·夏商周卷》，北京图书馆出版社，2005 年。原载《考古》1995 年第 9 期。

[8] 同 [7]，原载《文物》1999 年第 9 期。

[9] 同 [7]，原载《文物》1998 年第 10 期。

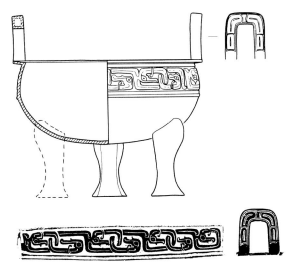
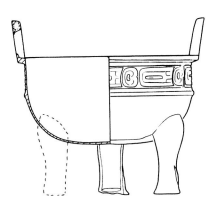

图三　缠体龙纹鼎（M2011:82）

图四　重环纹鼎（M2011:87）

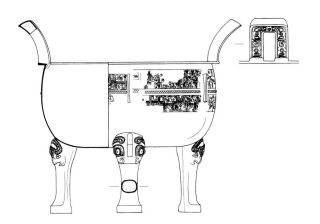

图五　T605K2:1 铜鼎

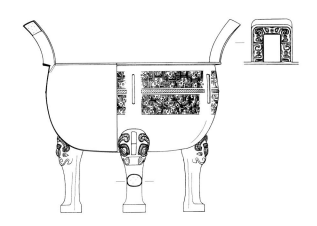

图六　T605K2:2 铜鼎

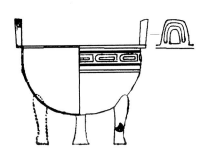

图七　C5M906:2 铜鼎

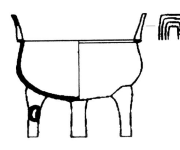

图八　C5M1135:2 铜鼎

图九　M21:1 铜鼎

关于黄帝铸鼎的文献记载不少，如：

《通鉴外纪》："帝采首山之铜，铸鼎于荆山之隅，鼎成崩焉，其臣左彻取衣冠几杖而庙祀之。"

《路史·疏仡纪·黄帝》："采首山之铜，铸三鼎于荆山之阳，以象泰乙，能轻能重，能浃能行，存亡是谂，吉凶可知……"

黄帝作宝鼎三，象天地人。黄帝铸鼎之后，禹作九鼎。大禹治水成功以后，为了让天下百姓过安居乐业的日子，"禹收九牧之金，铸九鼎，象九州"，并把天下九州毒虫、猛兽的形状特征分别铸在铜鼎上，颁布天下，人们一看便知哪些是毒虫、猛兽，并想法除掉它们。九鼎也是在荆山，由著名的冶铸高手昆吾氏铸造，整整用了九年时间，终于铸成九鼎，并铸上"天神图像"铭文。九州鼎的名称，即冀州鼎、兖州鼎、青州鼎、徐州鼎、扬州鼎、荆州鼎、豫州鼎、梁州鼎、雍州鼎，而以豫州鼎最大最重。九州鼎的名称由大禹分天下为九州而来。

自禹铸成九鼎以后，后世帝王都把它们作为传国宝器。商灭夏，九鼎迁到商都；殷德衰，鼎迁于周；周德衰，鼎迁于秦；秦德衰，宋之社亡，鼎乃沦伏而不见。

因为九鼎是国之重器，故春秋战国时期，各诸侯国都想得到九鼎，因为谁拥有九鼎，谁就拥有了霸主地位。当时九鼎乃在东都洛阳供奉着，于是就演出了"楚庄王问鼎"、"齐宣王求鼎"、"秦武王举鼎"、"秦昭王迁鼎"等一个个历史故事。如"楚庄王问鼎"：

楚国的庄王即位后，灭了庸国，打败了宋国，还带兵攻打陆浑的戎族。当他途经周的都城时，有名无实的周天子吓坏了，派大夫王孙满到城郊去慰劳楚军。

当时已经称霸的楚庄王咄咄逼人地问王孙满："我听说大禹铸有九鼎，五代相传，为传世之宝，现在陈列在洛邑，不知鼎的形状怎样？大小与轻重如何？你讲给我听一听。"

王孙满听出了弦外之音，不卑不亢地回答道："夏、商、周三代是靠德来维持的，哪里是靠鼎呢？以前大禹统治天下的时候，九州都送来了州产的青铜，铸成九鼎。夏桀无道，鼎为商所有；商纣暴虐，鼎又传到了周。如果有道德，鼎虽小也重，若没有道德，鼎虽大也是很轻。从成王把鼎定在郏鄏算起，已经传了30代700年，现在周天子的地位虽然衰弱了，但还不到被人取代的时候，鼎的轻重，你还是不要打听了吧！"

听了王孙满义正辞严的一席话，楚庄王打消了非分之想，只好偃旗息鼓，告辞而去。

武则天称帝以后，改唐为周，重新铸造九鼎。《旧唐书》载："铸铜为九州鼎，既成，置于明堂之庭，各依方位列焉。神都鼎高一丈八尺，受一千八百石。冀州鼎名武兴，雍州鼎名长安，兖州名日观，青州名少阳，徐州名东原，扬州名江都，荆州名江陵，梁州名成都。其八州鼎高一丈四尺，各受一千二百石。司农卿宗晋卿为九鼎使，都用铜五十六万七百一十二斤。鼎上图写本州山川物产之像，仍令工书人著作郎贾膺福、殿中丞薛昌容、凤阁主事李元振、司农录事钟绍京等分题之，左尚方署令曹元廓图画之。鼎成，自玄武门外曳入，令宰相、诸王率南北衙宿卫兵十余万人，并仗内大牛、白象共曳之。则天自为《曳鼎歌》，令相唱和。"

夏禹铸造的九鼎竟下落不明，关于九鼎的下落，说法不一。

一说九鼎失于东周灭亡之前。

司马迁《史记·封禅书》："周德衰，宋之社亡，鼎乃沦没，伏而不见。"说明九鼎在东周末年就已遗失了。

班固在《汉书》中说，周显王四十二年，九鼎沉没于泗水彭城下。后来秦始皇出巡，经过彭城，曾驱使几千人到泗水中打捞，结果一无所获。

西汉有一个叫辛坦平的说：周鼎没于泗，现黄河改道，连通了泗水，臣望东北汾阴有金光宝气，可能是周鼎重新出现。汉文帝听信了，在汾阴建了一座庙，恭请宝鼎降临。

清代学者王先谦则说：周王室为了防止诸侯国凯觎，加上财政困难，入不敷出，于是毁九鼎以铸铜钱，对外则谎称九鼎不知去向。

上述种种说法，一致认为九鼎在东周灭亡以前就失去了。

另一说，九鼎失于秦末。

司马迁在《史记》周、秦两本纪中，又说秦昭王五十二年，周赧王死后，秦从洛邑掠儿鼎入秦。

上述各种说法也只是一种推测，希望有一天经过文物考古工作者的科学发掘，让九鼎重见天日。

饕餮纹鼎检测分析

为了解饕餮纹鼎的铸造工艺、表面细微缺陷和内部结构情况，分析青铜器锈蚀产物的元素及物相组成和锈蚀情况，对其进行以下检测分析（表1）：

表1 饕餮纹鼎分析检测项目

编号	检测项目	样品来源	检测目的	仪器
1	工业计算机断层扫描	整体	计算机层析成像	高精度计算机断层扫描系统
2	能谱定性分析	锈蚀产物	元素分析	微聚焦荧光能谱仪
3	物相组成定性分析	锈蚀产物	物相分析	X 射线衍射仪

一　工业计算机断层扫描

饕餮纹鼎的计算机断层扫描结果见图1.1～1.4。

物质因密度不同，对X射线的吸收和反射程度不同。通过扫描，在检测器上可以获得不同部位对X射线的吸收和反射的信息。通过一系列计算机处理系统，最终可以得到被扫描层面的密度分布图像，获得视觉图像效果，从而可以对青铜器材质、内部结构、纹饰、裂痕和修复痕迹等作出准确的判断，根据扫描分析结果选择合适的应对措施。

利用工业计算机断层扫描技术在不同的旋转角度下对饕餮纹鼎层析成像，获取数字照相图。图1.1～1.4均为鼎局部成像图，显示了鼎立耳、腹部、足等重要部位的结构和修复状况。从图1.1～1.2观察到，青铜鼎腹部有一处由两块残片拼接修复的痕迹，此青铜鼎有修复过的痕迹；双耳、三足与鼎身分铸。双耳内共有四只长条状部件固定耳与器身，三足空心。

图 1.1　饕餮纹鼎数字照相图 (0°)

图 1.2　饕餮纹鼎数字照相图 (110°)

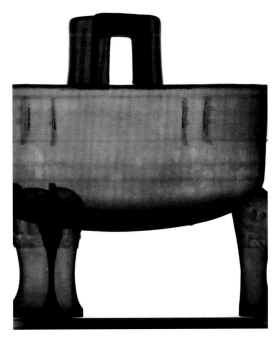

图 1.3　饕餮纹鼎数字照相图 (270°)

图 1.4　饕餮纹鼎数字照相图 (290°)

二　器物锈蚀产物分析

采用微聚焦荧光能谱分析和X射线衍射分析两种手段分别从元素组成和物相组成分析相互验证锈蚀物的成分。

2.1 能谱定性分析

分别对饕餮纹鼎口沿绿色锈蚀物和黑色锈蚀物进行检测分析，结果见表2、3。

表2　饕餮纹鼎口沿绿色锈蚀物元素组成(wt%)

检测点序号	检测部位	元素含量			
		Fe(铁)	Cu(铜)	Pb(铅)	Sn(锡)
1	口沿绿色锈蚀物	3.08	56.33	18.44	21.95
2		2.74	57.89	18.13	21.24
3		2.74	57.96	18.78	20.52
4		2.94	60.05	15.86	21.14
5		3.62	54.54	21.16	20.68

表3　饕餮纹鼎口沿黑色锈蚀物元素组成(wt%)

检测点序号	检测部位	元素含量					
		S(硫)	Ca(钙)	Ti(钛)	Fe(铁)	Cu(铜)	Pb(铅)
1	口沿黑色锈蚀物	66.69	29.73	1.34	1.80	0.27	0.17
2		64.74	31.73	1.31	1.85	0.26	0.12
3		66.38	30.58	0.64	1.75	0.48	0.16
4		66.73	30.03	0.86	2.22	0.10	0.07
5		67.38	28.69	1.67	1.94	0.20	0.11

检测结果显示，饕餮纹鼎口沿绿色锈蚀物元素组成为Cu、Sn、Pb、Fe，其中Cu、Sn、Pb的含量相对还比较高，说明器物此处矿化比较轻。但对于口沿黑色锈蚀物，检测结果虽仍含有Cu、Sn、Pb、Fe元素，但含量非常低，尤其是锡含量太低而未能检测出；却检测出来自外界环境的S、Ca、Ti元素，而且含量相当高，说明此处黑色锈蚀物矿化非常严重。但两处锈蚀产物的检测结果均未发现氯元素，可初步判断器物此两处锈蚀产物为无害锈。

2.2 物相组成定性分析

在分析锈蚀物元素组成后，为了进一步了解其组成元素的化合形态、物相组成，运用衍射分析手段进行了物相组成定性分析。

2.2.1 实验方法

从鼎耳部和器身内部分别取样，将研磨后的锈蚀粉末样品各自填入长20mm×宽20mm×深0.5mm的玻璃样品槽内背压制样。所用仪器为日本理学电机公司生产的D/max-2550V/PC型多晶X射线衍射仪，解谱软件为美国MDI公司的Jade7.0，数据库为国际衍射数据中心（ICDD）的PDF-2标准衍射卡片。阳极靶为Cu，测试电压和电流分别为40kV和30mA，扫描角度范围(2θ)为$5°\sim90°$，扫描速率为$4°$/min，其XRD谱图如图2.1、2.2。

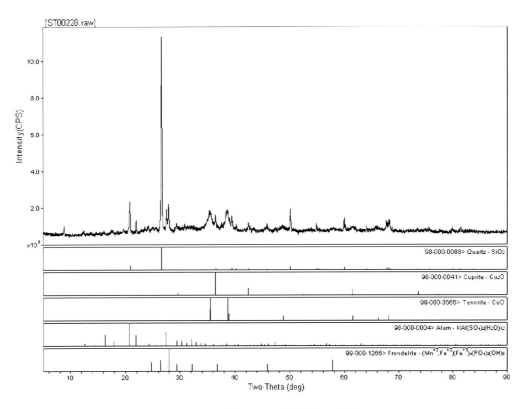

图 2.1 饕餮纹鼎耳黑色锈蚀物 XRD 图谱

2.2.2 结果及讨论

将样品图谱与标准图谱进行对比解谱，从图2.1中可知，饕餮纹鼎耳部黑色锈蚀物的物相成分主要有红色的赤铜矿（Cu_2O）、黑色的黑铜矿（CuO）、白色或无色的石英（SiO_2）、明矾（$KAl(SO_4)_2\cdot(H_2O)_{12}$）及锰绿铁矿（$(Mn^{+2}.Fe^{+2})(Fe^{+3})_4(PO_4)_3(OH)_5$）。其中赤铜矿和黑铜矿为青铜器表面常见的腐蚀层，可阻止器物内部被进一步腐蚀，起到保护作用，是一种无害锈。检测出的石英、明矾和锰绿铁矿可能是器物表面为保存环境中的一些土壤成分所附着造成。

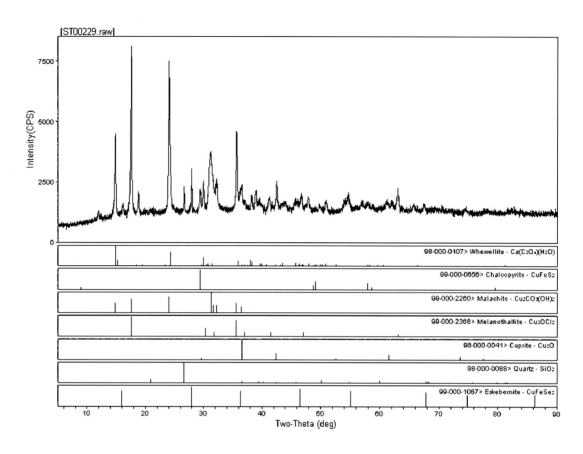

图 2.2 饕餮纹鼎内部绿色锈蚀物 XRD 图谱

从图2.2中可知，饕餮纹鼎内部绿色锈蚀物的物相成分主要有孔雀石（$Cu_2CO_3(OH)_2$）、黄铜矿（$CuFeS_2$）、赤铜矿（Cu_2O）、黑氯铜矿（Cu_2OCl_2）、铁硒铜矿（$CuFeSe_2$）、石英（SiO_2）、草酸钙石（$Ca(C_2O_4)\cdot(H_2O)$）。其中孔雀石、黄铜矿、赤铜矿、黑氯铜矿是器物表面常见锈蚀物，性质较稳定，对器物无害。

三　结　论

通过对饕餮纹鼎的计算机断层扫描和锈蚀产物的检测分析，得出以下结论：

(1)鼎腹部有修复过的痕迹，双耳、足与鼎身分铸，立耳内竖有长条状部件。

(2)鼎口沿处锈蚀产物主要为铜、锡、铅、铁等元素，未发现氯元素，属于无害锈。

(3)鼎耳黑色锈蚀产物主要有红色的赤铜矿、黑色的黑铜矿等成分。

(4)鼎内部绿色锈蚀产物主要有孔雀石、黄铜矿、赤铜矿、黑氯铜矿等。

综上分析，饕餮纹鼎表面锈蚀物化学性质均较稳定，可采用机械方法除去表面所粘附的浮土及杂质。

Chengdu Haton Museum Collections

Bronze Ware Volume

Bao Zi Ding

Spring and Autumn Period
(770 – 476 B.C.)

贰

成都华通博物馆文物精萃

青铜器卷

鲍子鼎

春秋

成都华通博物馆　编

图书在版编目（CIP）数据

成都华通博物馆文物精萃.青铜器卷/成都华通博
物馆编.—北京：文物出版社,2013.12
ISBN 978-7-5010-3901-2

Ⅰ.①成… Ⅱ.①成… Ⅲ.①博物馆－文物－成都市
－图集②青铜器（考古）－中国－古代－图集 Ⅳ.
① K872.711.2

中国版本图书馆 CIP 数据核字 (2013) 第 292391 号

成都华通博物馆文物精萃

青铜器卷

鲍子鼎

成都华通博物馆　编

责任编辑　李缙云　周艳明
责任印制　陆　联
装帧设计　李猛工作室

出版发行　文物出版社
地　　址　北京市东直门内北小街 2 号楼
邮　　编　100007
网　　址　http://www.wenwu.com
　　　　　E-mail:web@wenwu.com

制版印刷　北京方嘉彩色印刷有限责任公司
开　　本　889 毫米 ×1194 毫米　1/16
印　　张　13.25
版　　次　2013 年 12 月第 1 版
印　　次　2013 年 12 月第 1 次印刷
书　　号　ISBN 978-7-5010-3901-2
定　　价　320.00 元（全九册）

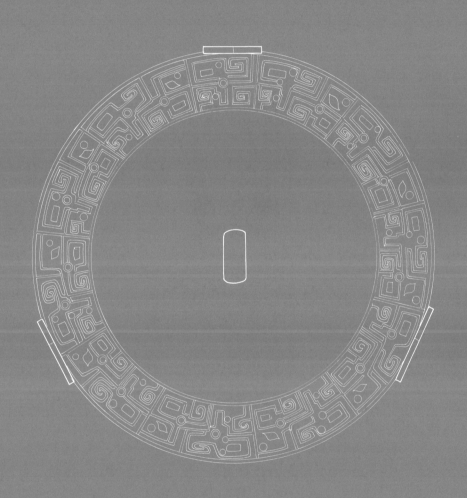

鲍 子 鼎
Bao Zi Ding

春秋

Spring and Autumn Period

通高 33.9、口径 27.8、腹深 15.8 厘米

◉

盖平，沿下折，上有三曲尺形扉，中部有一半环形纽。体扁圆，敛口，鼓腹，附耳高耸，圜底，下设三蹄形足。盖和身腹部饰蟠螭纹带。有铭文45字，为："鞏（鲍）子钺（作）朕（媵）中（仲）匋始（姒），其隻（获）坒（皇）男子，勿或（有）柬（阑）巳（已），它它熙熙，男女无碁（期），中（仲）匋始（姒）返（及）子思，其寿君母（毋）死，俘（保）而兄弟，子孙孙永俘（保）用。"

鮑子鼎

Bao Zi Ding

鮑子鼎

Bao Zi Ding

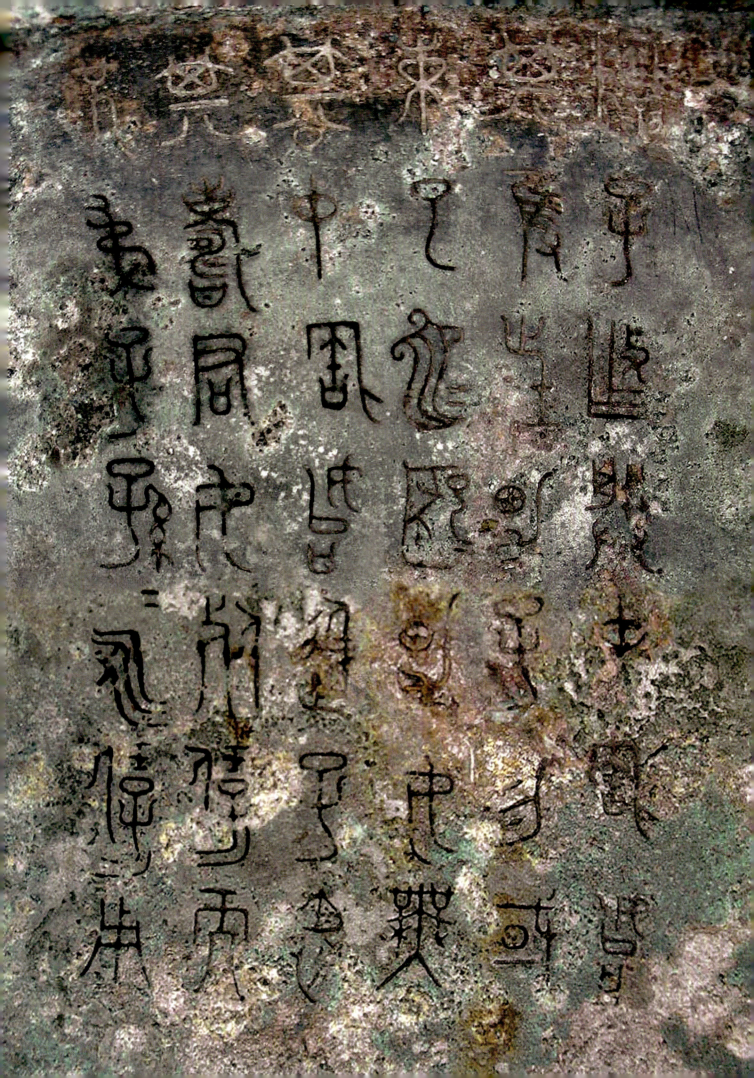

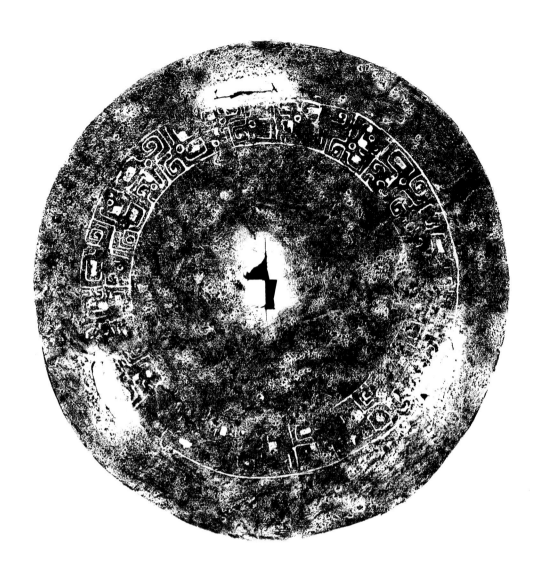

鲍子鼎

Bao Zi Ding

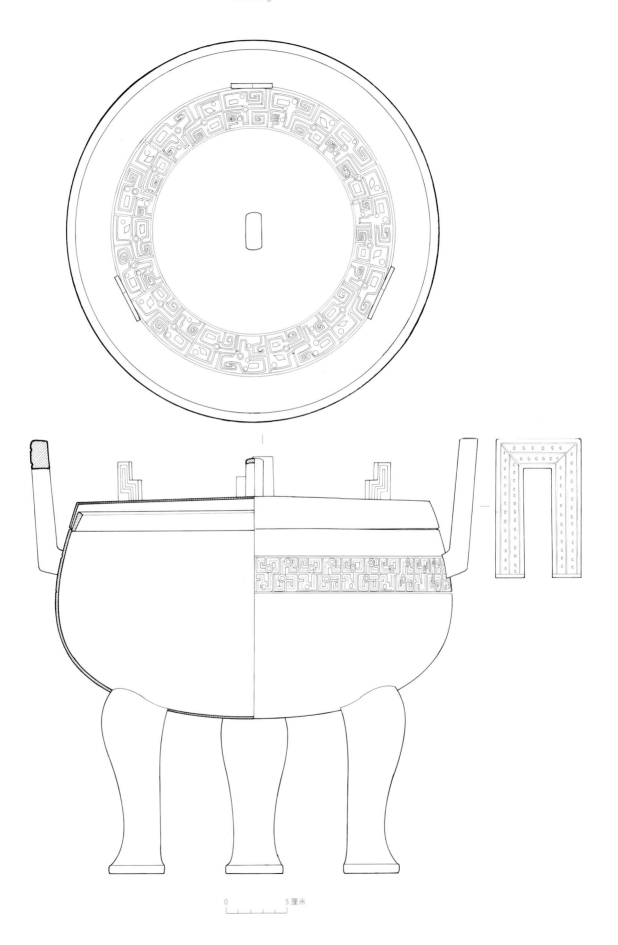

0   5厘米

鲍子鼎

吴镇烽

　　华通博物馆所藏的一件春秋晚期齐国鲍子鼎，通高33.9、口径27.8、腹深15.8厘米，重12公斤。盖与器子母合口，盖平，沿下折，上有三曲尺形扉，中部有一半环形纽。体扁圆，敛口，鼓腹，一对附耳高耸，圜底，下设三蹄形足。盖和身腹部饰蟠螭纹带（图一）。内壁铸铭文45字（其中重文3）。铭文是：

　　鼙（鲍）子钕（作）朕（媵）中（仲）匋始（姒），其隻（获）坓（皇）男子，勿或（有）柬（阑）巳（已），它它熙熙，男女无碁（期），中（仲）匋始（姒）迖（及）子思，其寿君母（毋）死，俘（保）而兄弟，子孙孙永俘（保）用（图二、三）。

图一　鲍子鼎

　　从铭文看，这是一件齐国望族鲍氏与郑国公族联姻的陪嫁礼器。它不仅为中国青铜器艺术宝库增添了新的瑰宝，同时也是研究春秋战国历史的重要资料。现作初步解释，以就教大方。

　　1.鞏即鞄，通鲍。古代齐国的望族。其先为杞国公子敬叔，到齐国出仕，食采于鲍邑，故址在今山东历城县东，因以为鲍氏，称鲍敬叔。其子鲍叔牙，亦称鲍叔，齐庄公时大夫，著名贤臣，以知人并笃于友谊著称于世。《史记·管晏列传》载："管仲曰：'吾始困时，当与鲍叔贾，分财利多自与，鲍叔不以我为贪，知我贫也。吾尝为鲍叔谋事而更穷困，鲍叔不以我为愚，知时有利不利也。吾尝三仕三见逐于君，鲍叔不以我为不肖，知我不遭时也。吾尝三战三走，鲍叔不以我为怯，知我有老母也。公子纠败，召忽死之，吾幽囚受辱，鲍叔不以我为无耻，知我不羞小节而耻功名不显于天下也。生我者父母，知我者鲍子也。'"其孙鲍牟、鲍国，世代为齐上卿。鲍子，是对鲍姓卿大夫的一种敬称，在金文中也见于自称。如鎛鎛中鎛就自称为鲍子。鲍叔牙、鲍国、鲍牟、鲍牧皆可称为鲍子。此鼎铭文中的鲍子当指鲍牧（详后）。

　　2.钦，通作，制作。

图二　鲍子鼎铭文拓片　　　　　　　　　　　　图三　鲍子鼎铭文

13

3.媵，通媵，古代诸侯嫁女，以侄娣从嫁称媵。《左传·成公八年》："卫人来媵共姬，礼也。凡诸侯嫁女，同姓媵之，异姓则否。"以臣仆或器物陪嫁亦称媵。葬器中用于陪嫁的礼器也叫媵器。倗仲鼎："倗中（仲）乍（作）毕媿媵鼎，其万年宝用。"齐侯盂："齐侯作媵子中（仲）姜宝盂。"曾侯簠："曾侯作叔姬、邛（江）嬭膌（媵）器鼒彝。"

4.中匋始，即仲匋姒，鲍子之女或姐妹，从上下文意分析似为其姊。鲍氏姒姓，故称仲匋姒。仲，在姊妹间的排行为二。匋，其名也。

5.其隻生男子。其，语首助词，无义。隻，即"获"字，《广韵》："获，得也。"此处用作获匹，得到配偶之意。《法苑珠林》卷三十："巍巍堂堂，光仪无上，心喜而曰：吾女获匹，正是斯人。"生，通皇，意为美、美好。《诗·周颂·臣工》："于皇来牟，将受厥明。"孔颖达疏："皇，训为美。"朱熹集传："于皇，叹美之辞。"汉扬雄《法言·孝至》："尧舜之道皇兮，夏、殷、周之道将兮。"李轨注："皇，美。""男子"指刚强有作为的男人。《楚辞·天问》："吴获迄古，南岳是止。孰期去斯，得两男子。"全句是说仲匋姒获配了美好的刚强有为的丈夫。

6.勿或朿巳。勿或，金文常用语。勿是禁戒副词，表示禁止，不要。或，通有。"勿或"翻译成现代语就是"不要有"。哀成叔鼎："勿或罢訇（已）。"黻镈："枼（世）万至于辝（台）孙子，勿或俞（渝）改。"楚缯书也有："敬之哉！勿或弗敬，惟天作福，神则恪之，惟天作夭，神则惠之。"朿，读为阑，有阻隔、阻拦、将尽、将完等意。《史记·高祖本纪》："酒阑，吕公因目固留高祖。"巳，通已，停止。《诗·郑风·风雨》："风雨如晦，鸡鸣不已。"郑玄笺："已，止也。""勿或朿巳"与"勿或罢訇（已）"、"勿或弗敬"、"勿或渝改"句法相同。"勿或朿巳"是说不要有所完结。

7.它它熙熙，读为佗佗熙熙或施施熙熙。佗佗，美好绵长无尽的样子。《诗·鄘风·君子偕老》："委委佗佗，如山如河。"《尔雅·释训》："委委、佗佗，美也。"郭璞注："皆佳丽美艳之貌。"陆德明释文："佗佗，本或作'它'字。"邢昺疏引孙炎曰："佗佗，长之美也。"熙熙：（1）和乐貌。《老子》："众人熙熙，如享太牢，如春登台。"《汉书·礼乐志》："众庶熙熙，施及夭胎；群生啿啿，唯春之祺。"颜师古注："熙熙，和乐貌也。"（2）繁盛貌。《逸周书·太子晋》："万物熙熙，非舜而谁能？"孔晁注："熙熙，和盛。"《史记·日者列传》："天地旷旷，物之熙熙，或安或危，莫知居之。"施施，也作迤迤，有延长之意，形容连绵不绝貌。佗佗熙熙就是欢欢乐乐、和和美美、绵延无尽的意思。

8.男女无碁，亦见于齐侯鼎、公典盘、庆叔匜。方辉在《郭公典盘铭考释》中说："男女无期，金文习见，极言其男女之多。"[1]王文耀《简明金文词典》也说："碁"假借为

---

[1]　方辉：《郭公典盘铭考释》，《文物》1998 年第 9 期。

“计”，“男女无碁”就是无数男女[2]。我以为不确，“碁”是“期”字的异体，“期”不必假借为“计”，应用其本义。“无期”就是无期限、无穷尽、无限度。《诗·小雅·白驹》：“尔公尔侯，逸豫无期。”俞樾《群经平议·毛诗三》：“《诗》中言‘无期’者，如《南山有台》篇‘万寿无期’及此篇‘逸豫无期’，皆谓无穷极也。”《吕氏春秋·怀宠》：“上不顺天，下不惠民，征敛无期，求索无厌……若此者天之所诛也。”高诱注：“期，度；厌，足。”汉班婕妤《自悼赋》：“勉虞精兮极乐，与福禄兮无期。”徐王子旃钟：“韹韹（皇皇）配配（熙熙），眉寿无諆（期）。”王孙诰钟：“趪趪（皇皇）趣趣（熙熙），迈（万）年无諅（期）。”諅公壶：“它它（佗佗）配配（熙熙），受福无期。”夆叔匜：“它它（佗佗）配配（熙熙），寿老无期。”均用其本义。男女无期，即夫妻绵延没有终期，也就是百年和好、白头偕老之意。此类吉语是春秋中晚期齐系诸侯国媵器的常用语。

9. 子思，人名，仲匋姒的丈夫。我认为此即《左传·哀公五年》中的郑大夫子思，又称桓子思、国参，子国（郑穆公的儿子公子发）之孙，子产（即公孙侨）之子，约活跃于鲁昭公到哀公时期（详后）。

10. 返，及字异体。介词。犹跟、同。《诗·邶风·谷风》：“德音莫违，及尔同死。”

11. 其寿君毋死。此“其”是语气副词，表示祈使、希望。《书·盘庚》：“其克从先王之烈。”曹操《选军中典狱令》：“其选明达法理者，使持典刑。”金文中也不乏其例。县妃簋：“其自今日，孙孙子子毋敢望（忘）伯休。”㦰方鼎：“其用夙夜享孝于乓（厥）文祖乙公。”母读为毋，否定词。毋死，即无死、不死，长生不死之意。《左传·昭公二十年》：“公曰：‘古而无死，其乐若何？’晏子对曰：‘古而无死，则古之乐也，君何得焉！’”君，用在此比较费解。金文中常见的是“用祈寿老母（毋）死”（𬶍镈），此为“其寿君母（毋）死”。君，除用作对诸侯、卿大夫的称呼以外，还有以下几种。（1）诸侯之妻。《诗·鄘风·鹑之奔奔》：“人之无良，我以为君。”毛传：“君，国小君。”孔颖达疏：“夫人对君称小君，以夫妻一体言之，亦得曰君。”《谷梁传·庄公二十二年》：“癸丑，葬我小君文姜。小君，非君也。其曰君何也？以其为公配，可以言小君也。”钟文烝补注：“夫人与公一体，从公称也。”（2）称先祖及父母，意为一家之主。《易·家人》：“家人有严君焉，父母之谓也。”孔颖达疏：“父母，一家之主，家人尊事，同于国有严君。”《后汉书·孔融传》：“先君孔子与君先人李老君同德比义。”（3）妻妾亦称夫为君。《礼记·内则》：“君已食，彻焉。”郑玄注：“凡妾称夫曰君。”一、三种情况均可以排除，因为鲍子嫁女（姊妹）与夫家的国君无涉；另外前句已提及“仲匋姒及子思”，所以也不可能是妻称其夫。这里只能是指子思的父母，也就是仲匋姒的舅姑。“其寿君毋死”当是希冀仲匋姒的舅姑（公婆）长寿不老。

[2] 王文耀：《简明金文词典》，上海辞书出版社，1998 年。

12.俘而兄弟，即保尔兄弟。俘同保，而读为尔，保佑你们的兄弟。兄弟指子思的兄弟。

鼎铭是一篇韵文，除最后一句外，每句均叶之部韵，如：始、子、已、熙、期、思、死、弟。

铭文可意译为：鲍子铸造陪嫁仲匋姒的（鼎）。仲匋姒获配了美好的刚强有为的丈夫，不要有所尽头，欢欢乐乐，和和美美，绵延久长，白头偕老。仲匋姒嫁给子思，希冀你们的父母长寿不老，保佑你们的兄弟平安。子子孙孙永远珍藏使用（此鼎）。

此鼎的造型与光绪十八年（1892年）出于河北易县的齐侯鼎[3]、1956年春山东省临淄县姚王村出土的国子鼎[4]非常接近；所饰蟠螭纹也常见于同时期的齐器，是典型的春秋晚期齐器风格；特别是"××（作器者）作媵××（出嫁的女子）××（陪嫁的器物名，鲍子鼎省略）"的铭文格式，"它它熙熙，男女无朞"的铭文用语，都和齐侯鼎、庆叔匜完全相同；就连字体写法以及"保"作"俘"、"作"作"乍"、"期"作"朞"、"永"作"羕"与庆叔匜也完全相同[5]。因此，我们判断该鼎铸造于春秋晚期后段。

铭文中的鲍子是鲍叔牙的哪一代后裔？从鼎的时代来看，我以为是齐景公到齐悼公时期的大夫鲍牧。

鲍牧见于《左传》，是齐景公的重臣。据宋程公说《春秋分记·世谱六》齐诸氏载："鲍氏敬生叔牙，亡二世，至曾孙二人，牵及国，国又亡二世，至曾孙牧。"也就是说鲍牧是鲍国的曾孙，鲍叔牙的五世孙。在周敬王三十年（前490年）秋九月景公去世后，因为没有嫡长子，国夏、高张专权，便立景公宠妃鬻姒的儿子荼为君。第二年六月陈乞（一作田乞）与鲍牧等人发动政变，驱逐了国、高二氏，但在拥立新君的问题上与陈乞有所分歧。陈乞召回寓居鲁国的公子阳生，立为新君，强为之认可。《左传·哀公六年》有如下记载："冬十月丁卯，立之。将盟，鲍子醉而往。其臣差车鲍点曰：'此谁之命也？'陈子曰：'受命于鲍子。'遂诬鲍子曰：'子之命也。'鲍子曰：'女忘君之为孺子牛而折其齿乎？而背之也！'悼公稽首曰：'吾子奉义而行者也，若我可，不必亡一大夫。若我不可，不必亡一公子。义则进，否则退，敢不唯子是从？废兴无以乱，则所愿也。'鲍子曰：'谁非君之子？'乃受盟。"公子阳生继位之后便下毒手，派朱毛把荼杀死在野外。齐悼公二年（前487年），因鲁国不将其妻季姬送回，悼公怒，于五月派鲍牧帅师伐鲁，占领了讙及阐两地。九月，由于鲍牧本不想拥立阳生为君，故诱唆诸公子而被告密，悼公就对鲍牧说："或谮子，子姑居于潞以察之。若有之，则分室以行。若无之，则反子之所。"意思是说有人说你的坏话，你暂且住在潞城，以等候审查。如果有这事，就让你带着一半家产出国；如果没有，就让你恢复原位。实际上，在鲍牧出门时就只给他带了三分之一的家产，走到半路，只让他带两辆车子，到了潞地，就把他杀了。

[3]　曾毅公：《山东金文集存》齐2.1，1940年。

[4]　中国青铜器全集编委会：《中国青铜器全集》9卷5，文物出版社，1996年。

[5]　中国社会科学院考古研究所：《殷周金文集成》10280，中华书局，1984～1994年。

子思，见于记载的有二人。一为孔伋，字子思，孔子之孙，战国时期鲁国陬邑人。生世在公元前483～前402年。相传受业于曾子，曾为鲁穆公师，以“诚”及“中庸”为其学说核心。另一位是郑国的大夫国参，字子思，又称桓子思，出自郑国公族。据《世本》记载：“郑穆公生子国发，发生子产侨、简成子，侨生子思参，参生子玉珍，珍生子乐卑、显庄子，为子国氏。”《春秋》只称国氏。也就是说子思是郑穆公的重孙，子产的儿子，是郑献公、声公时期举足轻重的人物。

子思的事迹最早见于《春秋·昭公三十二年》：“（前510年）冬，仲孙何忌会晋韩不信、齐高张、宋仲几、卫世叔申、郑国参、曹人、莒人、薛人、杞人、小邾人，城成周。”《左传》也有三处记载。（1）哀公五年（前490年）：“郑驷秦富而侈，嬖大夫也。而常陈卿之车服于其庭。郑人恶而杀之。子思曰：‘《诗》曰：不解于位，民之攸塈。不守其位而能久者鲜矣。’”（2）哀公七年（前488年），宋国军队包围曹国，子思就说：“宋国人占有曹国，是郑国的忧患，不可以不去救援。”于是郑国援救曹国。（3）哀公二十七年（前468年）四月，晋国的荀瑶率领军队攻打郑国，郑驷弘向齐国求救，陈成子率兵援救，援军到达濮水，天下大雨，军队不肯渡河。子思曰：“大国在敝邑之宇下，是以告急。今师不行，恐无及也。”

根据以上所述，鲍子与孔子为同时代人。孔伋所处时代为战国早期前段，在其出生前四年，鲍牧已死，故鲍牧姊妹或女儿的丈夫是孔子之孙孔伋（字子思）的可能性应当予以排除。郑大夫子思，生世在鲁定公到鲁哀公时期，与鲍牧基本同时，与鲍子鼎所表现的春秋晚期时代特征相符，故鼎铭中的子思极有可能是郑国的子思。

另外，还要提及的是清同治九年（1870年）出土于山西荣河县（今万荣县）后土祠旁，现藏中国国家博物馆的𬴙镈[6]，也是一件非常重要的春秋时期鲍氏家族的器物。该镈是鲍叔牙的孙子𬴙为其妻子仲姜所铸造的乐器。铭文中追述了鲍叔牙为齐桓公建树了功勋，荣耀于齐国，桓公赐给他二百九十九个城邑，以及鄩地的民人都鄙。桓公还说：“万世之于孙子，勿或渝改。”并命其掌管大攻厄、大史、大司徒和大宰四项政事。这件镈铭不仅填补了史籍对鲍叔牙当年劝小白出逃莒国、奉小白返齐为君以及对鲍叔牙封赏记载的不足，同时也补充了鲍氏的世系。上面我们所引的《春秋分记·世谱六》所列鲍氏世系“鲍氏敬生叔牙，亡二世，至曾孙二人，牵及国”，其失载的二世正好是𬴙镈中的𬴙及其父亲遵仲，𬴙也就是鲍牵和鲍国的父亲。如此，我们可以列出鲍氏的世系如下：

敬（圣叔）——叔牙（有成惠叔）——遵仲———𬴙———牵

（圣姜）　　　（有成惠姜）　　（□□）　（仲姜）|—国

——□——□——牧

[6] 郭沫若：《两周金文辞大系图录考释》录251，科学出版社，1958年。

鲍子鼎检测分析

为了科学细致地了解该件器物的内部结构、制作工艺和锈蚀情况等，中心对馆藏鲍子鼎采用现代仪器进行了分析，具体分析内容有如下两点（表1）：

一、利用高精度计算机断层扫描系统获得层析图像，了解器物铸造工艺、表面细微缺陷、内部结构情况等。

二、分析青铜器本体和锈蚀产物，了解合金元素比例和锈蚀状况。

表1　鲍子鼎分析检测项目

编号	检测项目	样品来源	检测目的	仪器
1	工业计算机断层扫描	整体	计算机层析成像	高精度计算机 断层扫描系统
2	能谱定性分析	本体及锈蚀产物	元素分析	微聚焦荧光能谱仪

一　工业计算机断层扫描

鲍子鼎的计算机断层扫描结果见图1.1～1.6。

图1.1　鲍子鼎数字照相图

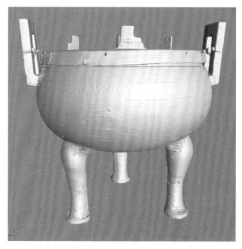

图1.2　鲍子鼎扇束扫描图

图1.3 鲍子鼎缺陷分析图

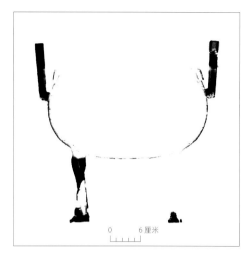

图1.4 鲍子鼎工艺分析图

图1.5 鲍子鼎一足部工艺分析图

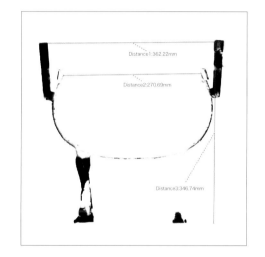

图1.6 鲍子鼎尺寸分析图

利用工业计算机断层扫描技术对鲍子鼎层析成像，获取数字照相图（图1.1）和扇束扫描图（图1.2）。数字照相图中，该鼎器身保存基本完好，而器盖由10余块残片修复而成，腹内铭文明晰。缺陷图中可见一足有修复痕迹，内部有一些孔洞、裂缝（图1.3）。此鼎的鼎身与双耳、足连接部位均闭合，鼎身与各附件为分铸关系，鼎足中空（图1.4、1.5）。通过计算，通高346.74mm、两耳间距为362.22mm、口内径为270.69mm。利用存储的数据模型，可以获得其他关注部位的尺寸值。

二　本体能谱定性分析

选取了该鼎纽、沿、耳、腹等不同部位进行微区检测，元素分析结果如表2。

表2　鲍子鼎本体元素组成(wt%)

检测点序号	检测部位	元素含量			
		Cu(铜)	Pb(铅)	Sn(锡)	Fe(铁)
1	纽	62.98	9.82	26.17	1.04
2		75.30	9.02	14.89	0.78
3		61.40	18.79	19.11	0.70
4		64.16	11.77	23.30	0.76
5		63.55	12.75	22.93	0.77
6	盖沿	72.13	10.01	17.83	0.47
7		71.58	9.56	18.47	0.39
8		71.69	9.00	18.94	0.38
9		60.15	11.91	27.24	0.71
10		74.24	7.57	17.85	0.34
11	耳	73.03	5.45	21.19	0.33
12		71.97	5.32	22.41	0.30
13		71.14	4.89	23.34	0.63
14		61.56	6.53	30.60	1.31
15		63.58	7.61	27.77	1.04
16	口沿	64.02	8.13	27.54	0.31
17		60.85	10.92	27.93	0.30
18		62.34	10.56	26.79	0.31
19		59.89	10.46	29.31	0.34
20		64.92	7.65	27.12	0.32
21	腹部	66.50	5.34	27.80	0.35
22		67.23	5.34	27.27	0.16
23		65.63	6.90	27.11	0.36
24		66.41	6.48	26.93	0.18
25		64.88	5.70	29.00	0.42

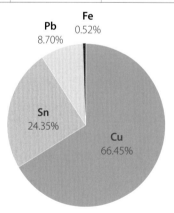

图2.1　鲍子鼎本体元素成分平均含量图

从表2可以看出：鲍子鼎本体元素组成为铜（Cu）、铅（Pb）、锡（Sn）、铁（Fe）；不同部位元素含量有稍微差别，但均以铜（Cu）、锡（Sn）、铅（Pb）为主量元素（图2.1），是典型的古代铜锡青铜器。

从铜（Cu）、锡（Sn）、铅（Pb）元素含量数据分析，此鼎锡含量在20%~40%之间，属于高锡青铜，金相组织极为复杂，出现大量锡的δ相，导致铸造的青铜虽硬度较高，但极易碎。鼎中加入铅，由于铅不与合金溶解及化合，而是以球状或不规则形状分散于合金之中，可以减少青铜脆性。加铅可以提高合金铸造过程中溶液的流动性，减小凝固时的收缩率，增强填充铸型的能力，铸造出一些细部十分精巧的器物、纹饰。

二　器物锈蚀产物分析

利用微聚焦荧光能谱仪对鲍子鼎表面锈蚀产物进行检测分析，分析结果如表3。

表3　鲍子鼎绿色锈蚀产物的元素组成(wt %)

元素	Cu(铜)	Sn(锡)	Pb(铅)	Fe(铁)	Si(硅)
含量（%）	8.18	55.50	12.94	3.21	20.16

从锈蚀产物样品的元素分析可以看出：鲍子鼎表面绿色锈蚀产物含有铜、锡、铅、铁、硅元素，其中锡元素的含量远高于其他元素，可见鲍子鼎锈蚀为铜离子由合金内部向青铜器的表面迁移引起的α相优先锈蚀，而富锡的(α+δ)共析体保存完好，也揭示出器物处于一种少氯的保存环境中，同时锈蚀产物的元素分析中未发现氯元素也证实了这一点。从前文本体能谱分析中也了解到本体中锡含量较高，有学者研究表明，随着含锡量增加，铸造时析出锡的可能性增加，在金相组织中表现为富锡的δ相在金属表面的聚集。而δ相在环境中比较稳定，较耐腐蚀，在金属表面聚集起到延缓腐蚀的作用，可能为该鼎保存比较良好的原因之一。

四　结　论

通过对鲍子鼎的计算机断层扫描和对其锈蚀产物的检测分析，得出以下结论：

(1)鲍子鼎保存基本完好，一足部有修复痕迹，内部有一些孔洞、裂缝。此鼎的双耳、足与鼎身分铸，口径为270.69mm、两耳间距为362.22mm、通高346.74mm，器物表面精美的蟠螭纹清晰可见。

(2)鲍子鼎本体元素组成为铜、铅、锡、铁；不同部位元素含量有稍微差别，但均以铜、锡、铅为主量元素，是典型的古代铜锡青铜器。

(3)鲍子鼎表面绿色锈蚀产物含有铜、锡、铅、铁、硅元素，其中锡元素的含量远高于其他元素，属于α相优先锈蚀，而富锡的(α+δ)共析体保存完好，处于一种少氯的保存环境中，富锡的δ相在金属表面聚集。

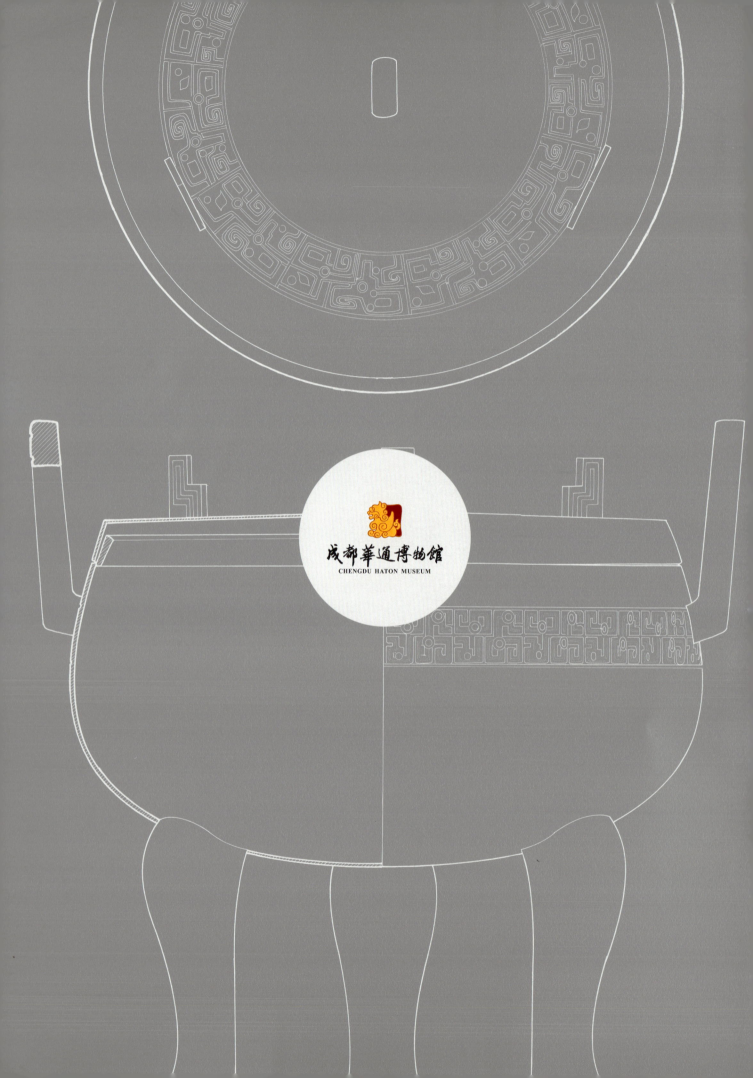

成都華通博物館
CHENGDU HATON MUSEUM

Chengdu Haton Museum Collections

Bronze Ware Volume

Cai Huo Gui

Western Zhou Dynasty
(11th c. – 771 B.C.)

成都华通博物馆文物精萃

青铜器卷

叁

采获簋 西周

成都华通博物馆　编

图书在版编目（CIP）数据

成都华通博物馆文物精萃.青铜器卷/成都华通博
物馆编.—北京：文物出版社,2013.12
ISBN 978-7-5010-3901-2

Ⅰ.①成… Ⅱ.①成… Ⅲ.①博物馆—文物—成都市
—图集②青铜器（考古）—中国—古代—图集 Ⅳ.
① K872.711.2

中国版本图书馆 CIP 数据核字 (2013) 第 292391 号

成都华通博物馆文物精萃

青铜器卷

采获篇

成都华通博物馆　编

责任编辑　李缙云　　周艳明
责任印制　陆　联
装帧设计　李猛工作室

出版发行　文物出版社
地　　址　北京市东直门内北小街 2 号楼
邮　　编　100007
网　　址　http://www.wenwu.com
　　　　　E-mail:web@wenwu.com

制版印刷　北京方嘉彩色印刷有限责任公司
开　　本　889 毫米 ×1194 毫米　1/16
印　　张　13.25
版　　次　2013 年 12 月第 1 版
印　　次　2013 年 12 月第 1 次印刷
书　　号　ISBN 978-7-5010-3901-2
定　　价　320.00 元（全九册）

采获簋
Cai Huo Gui

西周

Western Zhou Dynasty

通高 18.1、器高 13.5、盖高 5.2、
口径 15.6、圈足径 16.4 厘米

○

盖隆起，上有圈形捉手。腹浅，圆鼓腹，颈部两侧有兽首小耳，圈足外侈，下有四小兽足。盖上捉手周围、盖沿、口沿、圈足上均饰窃曲纹，云雷纹衬地。器、盖同铭，有铭文38字，为："王曰：采隻（获），命女（汝）乍（作）鄙（司）土（徒），易（锡）女（汝）哉（织）衣、赤玄市、緣（銮）旂，用事。采隻（获）对天子休，用乍（作）义女障（尊）簋，其万人（年）永宝用。"

采获簋
Cai Huo Gui

0　　　　　5厘米

采获簋

张懋镕　　王　勇

　　采获簋两件，一件有盖，一件失盖，形制、纹饰及铭文基本相同（图一）。通高18.1、器高13.5、盖高5.2、口径15.6、两耳间距21.5、圈足径16.4厘米。盖隆起，上有圈形捉手。腹浅，圆鼓腹，颈部两侧有兽首小耳，耳上套环已遗失，圈足外侈，下有四小兽足（图二）。盖上圈形捉手周围、盖沿、口沿、圈足上均饰目在中间的窃曲纹，有云雷纹衬地。这种窃曲纹是长鼻兽纹的简化和变形（图三）。簋外底有长方格铸筋（图四）。两件簋身上均有大面积明显的布纹痕迹。是为真器无疑。

　　器、盖同铭，唯行款不同，盖内有铭文6行，每行6～7字不等，器内底有铭文4行，每行9～10字不等，共38字："王曰：采隻（获），命女（汝）乍（作）䤪（司）土（徒），易（锡）女（汝）戠（织）衣、赤玄市、銮（銮）旂，用事。采隻（获）对天子休，用乍（作）义女隥（尊）簋，其万人（年）永宝用。"（图五、六）器、盖同铭，但个别字写法有所不同，如器铭"市"字，盖铭作"巾"。

　　像采获簋这样造型的器物很少，整体相近者有五年师旋簋，器耳近似者有即簋、乖伯簋，足近似者有散伯车父簋、师嫠簋，再结合铭文字形书体来看，如"万"字与姞氏簋（《殷周金文集成》3916，以下简称《集成》）的写法很像，"銮"字结构与休盘相近，以上诸器多为西周中期器，采获簋的年代当在西周中期偏晚。

　　采获簋铭文中提到的赏赐品，也见于其他铜器铭文，已有考释，不再赘述，整篇可意译为：

　　周王说：采获，我命令你担任司徒一职，赏赐给你染丝织成的上衣、红色的环形蔽膝、銮铃和旗帜，你要好好执行职事。采获称扬天子美好的命令，为义女作了这件铜簋，希望万年永远宝爱使用它。

　　采获簋铭中出现两个人物，一个是采获，一个是义女。采获一人未见于西周金文，此是第一次出现[1]。从字面上看，采可能是氏（姓），获是名字，犹如现代的林森，姓（氏）、名相

_____

[1]　吴镇烽：《金文人名汇编》，中华书局，2006年。

图一　采获簋

图二　采获簋

图三　采获簋口沿外窃曲纹

图四　采获簋外底

图五　采获簋盖内铭文

图六　采获簋盖内铭文拓片

呼应。但在古书中，"采"字未见有用为姓氏者，所以采获更有可能是人名。与采获名字相近的有采马，此人见于十五年守相廉颇铍（《集成》11702），是赵国邦右库冶铸作坊的工师，但也没有证据可以证明采马的"采"字是姓氏。"采"与"获"字义相近，可见周人起名是很有讲究的。义女也不见于以往的西周金文，可能是采获的夫人。

采获簋的意义大致有如下几点：

1. 西周是青铜簋大发展的时期，从早期新兴的方座簋、高圈足簋、三足簋、四足簋、四耳簋、附耳簋、盂形簋到中晚期的圈三足簋、圈四足簋、豆形簋等，各种各样的簋比比皆是，几乎所有型式的簋西周都有。而采获簋的形制很独特，虽然说它与五年师旋簋相近，但区别还是明显的，与采获簋基本相同的器物还没有。在西周中晚期众多面目相仿的圈足簋中，采获簋给人以耳目一新的感觉，因此很有观赏研究价值。由此我们可以发现，即使到了西周中期偏晚，青铜簋的发展并未减退，还在继续创造各种各样新的式样。

2. 本铭字形书体很有特点。一是简约多变，突破常规；二是方圆结合，笔力遒劲；三是结构开张，极有气势。"蠲"字结构与众不同，"又"变作"止"，唯有散氏盘铭与之相近，由此可知散氏盘铭的简约与恣意，当始自采获簋等。"尊"字的写法很特别，"酉"下不是两只手，而是一横两点。"衣"字四周笔画尽量向外，中间空间很大，显得形体饱满，富有弹性。

可见西周中期是字形书体自由发展的时期，虽然有一些草率之作，但由于率性而为，像采获簋之类的铭文也别有情趣，并进一步促成西周晚期书法的大成。

3. 采获簋铭是一篇册命金义。铭首没有记载册命的时间与地点，是由于器物较小的缘故。类似格式的铭文还见于毛公鼎、番生簋、师克盨等器。值得注意的是采获的职司　司徒，司徒一职在金文中还见于如下几例：

(1)曶壶："唯正月初吉丁亥，王格于成宫。井公内（入）右曶，王乎尹氏册令（命）曶，曰：更乃祖考乍（作）冢嗣（司）土（徒）于成周八师，易（锡）女（汝）秬鬯一卣、玄衮衣、赤巿、幽黄、赤舄、攸勒、綮（銮）旂，用事。……"（《集成》9728）

(2)免簋："唯三月既生霸乙卯，王才（在）周，令（命）免乍（作）嗣（司）土（徒），嗣（司）奠（郑）还散（廪），眔吴（虞）、眔牧，易（锡）散（织）衣、綮（銮）。……"（《集成》4626）

(3)邵盨簋："唯元年三月丙寅，王各于大室，康公右邵盨，易（锡）散衣、赤环巿，曰：用嗣乃祖考事，乍（作）嗣（司）土（徒），……"（《集成》4197）

(4)散簋盖："唯正月乙巳，王各于大室，穆公入右散，立中廷，北向，王曰：散，令（命）女（汝）乍（作）嗣（司）土（徒），官嗣（司）耤（籍）田。易（锡）女（汝）散（织）衣、赤环巿、綮（銮）旂，楚走马，取徵五寽（锊），用事。……"（《集成》4255）

从曶壶铭文可知，曶是冢司徒即大司徒，《周礼·地官司徒》："大司徒，卿一人。"可见曶的地位很高。

免、邵盨、散都是司徒，铭文未言是何等司徒，则可能是小司徒，《周礼·地官司徒》："小司徒，中大夫二人。"也有学者认为免是中士，散是下士[2]，其身份比较低，是否如此，需要讨论。

从文献记载来看，在《周礼》中，地官司徒序列天官冢宰之后，与春官宗伯、夏官司马、秋官司寇、冬官司空合称六官，可见地位之高。虽然《周礼》未必是西周官制的实录，但在成书时一定是参照了西周时的职官实况[3]。在金文中，司徒的身份比较明晰。在邵盨簋铭中，邵盨的右者（即傧相）是康公，在散簋盖铭中，散的右者（即傧相）是穆公，康公、穆公都是朝廷的执政大臣。根据陈汉平的研究，傧者与被傧者的爵秩高低存在相应关系，所以邵盨、散的地位不低。而且司徒可以担任傧者，担任傧者的地位往往较高，如宰、司马、司工（空）、司寇、公族，司徒与他们同列，其身份由此可见一斑。

从器物来看，如免所作之器不仅有免簋，还有免簋（《集成》4240）、免尊（《集成》6006）、免卣（《集成》5418）、免盘（《集成》10161），器物品类之多，不是一个中士有资

[2]　陈汉平：《西周册命制度研究》，学林出版社，1986 年。

[3]　张亚初、刘雨：《西周金文官制研究》，中华书局，1986 年。

格拥有的。免簋应是出现较早的一件簋，西周中晚期能使用铜簋的贵族都是中级以上的贵族。况且此时尊与卣几近消失，拥有尊与卣的人则非同一般。

总而言之，在西周中晚期，司徒的爵位不低，《周礼·地官司徒》所言比较接近事实。采获应是一位比较重要的朝廷官员。采获簋铭中的赏赐品与弭叔师察簋、蔡簋、静簋、元年师旋簋铭中的赏赐品相当，甚或要多些，而陈汉平认为弭叔师察、蔡、静、师旋的爵位是大夫，免、戠之流（包括采获）是下士，其观点似有不能圆通之处。

免器的时代在西周中期偏晚。唐兰置于穆王时[4]，有点早。陈梦家放在懿王时[5]，近似。从字形书体看，免器比墙盘略晚，但"宝"字的写法不会晚到西周晚期。

郆盨簋的年代，陈梦家断在共王，唐兰置于孝王，《集成》放到西周晚期。看形制，这种垂腹厉害的簋不见于西周晚期，口沿下的分尾鸟纹以及字形书体也说明了这一点，所以把郆盨簋断在西周中期偏晚比较合适。

戠簋盖是一件瓦楞纹盖，陈梦家认为瓦楞纹流行于穆共时，但直至西周晚期还有瓦楞纹，所以结合铭文书体来看，可能要比上述诸器晚一点，在中晚期之交。

总之，包括采获簋在内的4件司徒所作器的年代，在西周中期偏晚至晚期偏早。一个原因是金文所见西周册命制度成熟于穆王之后，尽管在当时的政治生活中要早一点。这也是我们认为这几件器物的时代不可能早到穆王时的理由之一。

[4] 唐兰：《西周青铜器铭文分代史征》，中华书局，1986 年。
[5] 陈梦家：《西周铜器断代》，中华书局，2004 年。

采获簋检测分析

为深入了解和研究采获簋的铸造工艺、保存现状，我们对其进行了一系列检测研究，其具体内容包括：

一、三维激光扫描。利用激光扫描仪，快速而准确地获取器物最完整、最真实的三维数字化模型。

二、工业计算机断层扫描。利用高精度计算机断层扫描系统获得层析图像，了解器物铸造工艺、表面细微缺陷、内部结构情况等。

三、元素组成测试分析。利用实验室配备的大样品室能量色散型X射线荧光光谱仪，在对样品丝毫无损的条件下，对器物的主量元素进行定性、半定量分析。

四、物相组成定性分析。利用X射线衍射仪对样品的衍射谱线进行分析研究，以确定其物相组成。

五、拉曼光谱研究。利用激光拉曼光谱仪对样品的拉曼光谱进行测试和比较，分析锈蚀产物成分。

一 器物三维激光扫描

图1.1～1.6展示了采获簋六个常规观察面的激光扫描图。

图 1.1 前视图

图 1.2 后视图

图1.3　左视图

图1.4　右视图

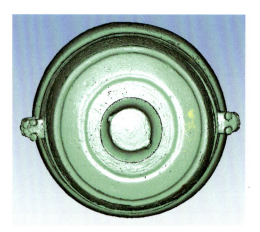

图1.5　俯视图

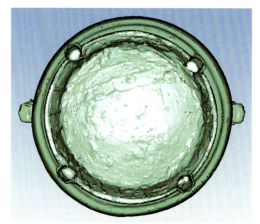

图1.6　仰视图

图1.7　盖内铭文

图1.8　采获簋基本尺寸图

表1 采获簋基本尺寸数据表

序号	测量部位	尺寸(mm)
1	圈足径	161.993
2	底径	142.362
3	腹下凸棱径	161.211
4	腹下凸棱径	175.356
5	腹径	187.383
6	肩部凹棱径	182.256
7	肩部凸棱径	171.624
8	盖折棱直径	144.708
9	盖折棱直径	129.821
10	捉手最小直径	47.547
11	捉手最大直径	61.819
12	捉手高	14.974
13	耳宽	19.168
14	两耳间距	215.939
15	通高	179.538

三坐标测量机采用非接触激光扫描方式，以数字化"点云"的形式呈现采获簋三维立体模型。图1.1～1.6展示了器物六个常规观察面的激光扫描图，全方位呈现器物外形和纹饰特征。图1.7为扫描的盖内铭文，可以通过模型精确计算铭文大小，展示和保存铭文信息。通过三维模型，选取了多个关注部位进行测量，图1.8和表1则为该青铜簋包括通高、底径、腹径等多个扫描测量数据。

二 工业计算机断层扫描

2.1 实验方法

依据GJB 5312-2004《工业射线层析成像(CT)检测》，将采获簋固定于旋转台上进行数字照相(DR)和扇束扫描(CT)，对切片数据用软件VGStudio MAX2.1进行图像处理。

2.2 结果与讨论

采获簋的CT图谱见图2.1～2.7。

利用工业计算机断层扫描技术对采获簋层析成像，获取数字照相图和扇束扫描图。从图2.2～2.4中可以看出：该件采获簋无修复痕迹，但器物内部存在细小孔洞和裂缝，可能是由于当时铸造过程中存在的缺陷所致。

图 2.1 扇束扫描图

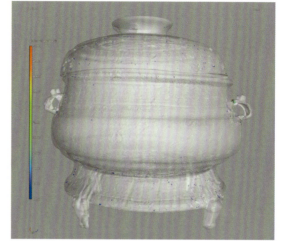

图 2.2 缺陷分析图

图 2.3 数字照相图

图 2.4 纹饰正视图

图 2.5 耳部照片与断面图

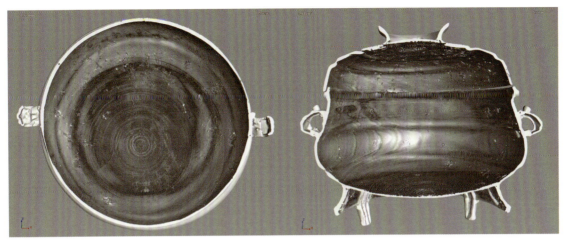

图2.6 横剖面图（左）和纵剖面图（右）

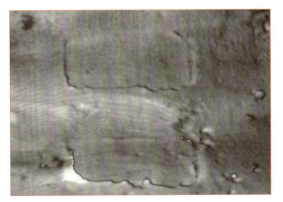

图2.7 侧剖面图和耳与内壁连接处细部图

在X射线下清晰可见器盖捉手周围、盖沿、口沿及圈足上均装饰以窃曲纹，有云雷纹衬地（图2.3、2.4），盖和器底部有铭文。为进一步了解其构造，我们对该器物进行了横向和纵向剖析（图2.5~2.7），观察到兽首耳、捉手所贴附的器壁、器盖线基本闭合，如图2.6所示。而侧剖图（图2.7）中则发现其耳部与内壁有两道明显的连接痕迹，为较为规整的长条形，推测器耳与器身非一次性浇铸，可能为分铸，或有二次受热情况，其铸造工艺需要进一步探讨。

三 本体能谱定性分析

微聚焦荧光能谱仪进行的能谱定性分析具有不破坏器物、无需制样、分析速度快、精度高和成本低等优点，比较适合文物样品分析，国内外学者已经做了大量研究工作。

能谱分析方法能够将化学元素原了序数中排列在钠（Na）~铀（U）区间的所有化学元素检测分析出来，可以满足人们对青铜器合金成分认识了解的需要，进而分析和研究当时的冶炼和铸造技术，为科技考古和保护修复的研究提供一些有价值的资料。

此次测试是在不损害器物的条件下，在每个部位选取五个测试点，对器物本体的主量元素进行定性、半定量分析，结果见表2。

利用X射线荧光能谱仪对采获簋捉手、盖口、耳部、口沿、腹部、足部等具有代表性的六部位的本体进行检测分析，具体检测点如图3.1，检测结果见表2和图3.2。从元素含量统计数据来看，采获簋各检测部位铜（Cu）、锡（Sn）、铅（Pb）、铁（Fe）平均含量为63.75%、27.59%、7.43%、1.23%，其中捉手、盖口、口沿、腹部、足部五检测部位各元素的含量比较接近于平均值，这些部位元素分布比较均匀，但耳部铁（Fe）元素含量远小于平均值，铜（Cu）元素含量稍高于平均值。

从各元素含量平均值可以看出该器物属于高锡青铜。铅以独立相分散在铜锡合金中，这种以软质地分布于组织中可弥补锡青铜的疏松。铅的加入可以提高合金溶液的流动性，使填充铸型的能力增强，对铸件表面纹饰的清晰度及尺寸精度有直接的影响。当铅以小颗粒均匀分布在基体上时，合金就具有良好的润滑作用，从而显著提高了合金的耐磨性。而其中少量的铁可能源自矿石。

图 3.1　EDXRF 分析测试点分布图

表2 采获簋本体元素组成（wt%）

检测点 序号	检测部位	元素含量			
		Fe(铁)	Cu(铜)	Pb(铅)	Sn(锡)
1	捉手	1.45	56.94	6.84	34.77
2		1.31	57.91	5.31	35.47
3		1.27	64.81	4.81	29.11
4		1.18	64.20	4.34	30.28
5		1.27	70.43	4.10	24.19
6	盖口	2.39	39.40	8.52	49.69
7		1.51	54.68	8.26	36.54
8		1.32	56.22	10.50	31.95
9		1.42	64.56	5.54	28.47
10		1.40	66.60	5.52	26.48
11	耳部	0.28	68.05	8.33	24.35
12		0.24	70.24	5.58	24.94
13		0.20	68.88	4.02	26.90
14		0.48	71.57	4.85	24.10
15		0.45	68.21	5.20	26.13
16	口沿	1.46	49.66	18.76	30.12
17		1.58	67.28	6.48	24.66
18		1.56	62.22	9.39	26.83
19		1.37	55.19	7.02	36.43
20		1.48	62.40	12.39	24.73
21	腹部	1.79	64.17	11.29	24.75
22		1.22	74.39	4.53	20.87
23		1.76	67.26	8.94	22.04
24		0.99	76.51	4.87	18.63
25		1.01	75.34	4.09	19.56
26	足部	1.43	65.55	8.90	24.12
27		1.14	62.68	8.84	27.34
28		1.12	67.25	10.62	21.02
29		1.40	64.77	8.09	26.73
30		1.54	58.99	8.93	30.54

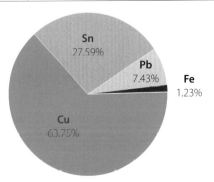

图 3.2　本体元素成分含量

四　锈蚀产物成分分析

对该器物表面锈蚀产物进行取样检测分析，了解其锈蚀物的成分，以便采取更好的保护措施，防患于未然。

4.1 能谱定性分析

青铜器表面经过长期的自然锈蚀，生长了大量的铜、锡、铅矿化物。为了快速准确检测出锈蚀产物的成分，从而进一步判断是否已受到有害锈的侵蚀，从采获簋腹部取少量铜锈进行检测，结果见表3。

表3　锈蚀产物能谱定性分析结果

样本名称	元素含量 (%)					
	Si	S	Fe	Cu	Sn	Pb
采获簋腹部锈点	14.88	46.84	1.09	11.76	18.14	8.30

结果表明，锈蚀产物中样本没有氯化物，非有害锈，而元素种类除含有本体元素Cu、Sn、Pb、Fe外，Si和S可能来源于土壤。

有研究表明青铜器腐蚀分两种类型：第一种锈蚀类型为（α＋δ）共析体中含锡高达32.6%的δ相优先被腐蚀，这类腐蚀一般是由于Cl^{-1}等阴离子在合金中的迁移所致；第二种锈蚀类型为α相优先被腐蚀，这类腐蚀是由于Cu^+由合金内部向表面迁移所致。两种不同类型的腐蚀可以揭示器物所保存的不同环境。

采获簋的含锡量为27.59%，锈蚀样本非有害锈，据此初步判断该样本属于第二种锈蚀类型。随着含锡量增多，铸造时锡被析出的可能性增加，其在金相组织中表现为富锡的δ相在金属表面聚集起到延缓腐蚀的作用，有利于青铜文物的保存，这可能就是采获簋保存状况比较良好的原因之一。

4.2 物相组成定性分析

4.2.1 实验方法

锈蚀样品用玛瑙研钵研磨至手触无明显颗粒感，把粉末填入长20mm×宽20mm×深0.5mm的玻璃样品槽内，背压法压样。采用多晶X射线衍射仪，解谱软件为美国MDI公司的Jade7.0，数据库为国际衍射数据中心（ICDD）的PDF-2标准衍射卡片。X光源为Cu Ka辐射，测试电压和电流分别为40kV和30mA，扫描角度范围（2θ）为5°～90°，扫描速率为2°/min，其XRD谱图如图4.1。

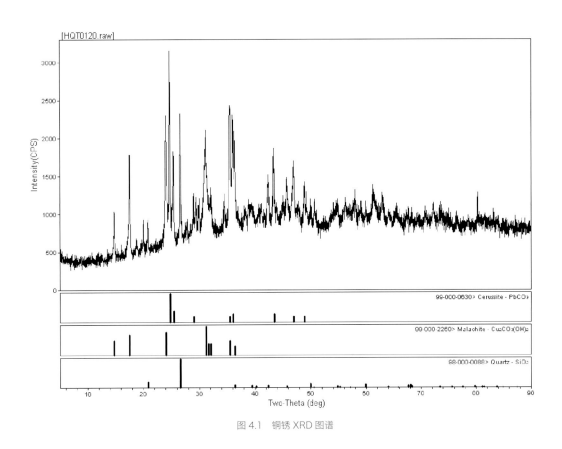

图 4.1　铜锈 XRD 图谱

4.2.2 结果及讨论

XRD分析显示采获簋铜锈的物相含量百分比为：孔雀石（$Cu_2CO_3(OH)_2$）占71.4%、白铅矿（$PbCO_3$）占14.9%以及石英（SiO_2）占14.8%。

可以看出铜锈的含量最高的是$Cu_2CO_3(OH)_2$，同时SiO_2晶粒大小已超过拟合范围，$Cu_2CO_3(OH)_2$和$PbCO_3$相比$PbCO_3$较$Cu_2CO_3(OH)_2$大，而这两种同属碳酸盐类锈蚀产物。碳酸盐是出土青铜器上丰度最大的腐蚀产物之一，是土壤中可溶性碳酸盐或空气中CO_2与青铜器表面作用的结果。在干燥条件下常生成孔雀石，在潮湿环境中常生成蓝铜矿。后者易向前者转化，但前者难向后者转化。

采获簋中含有一定含量的铅，而铅在青铜器中往往以球状或颗粒状等形态沿枝晶分布，以孤立相存在，不与铜锡结成固溶体。当青铜器埋于地下后，由于环境中的O_2、CO_2、H_2O以及硫酸盐、微生物、细菌等作用，孤立的铅较容易被腐蚀，从而使器物表面呈现含铅锈蚀产物，铅的锈蚀化学方程式如下：

$$2Pb+O_2 = 2PbO$$

$$PbO+CO_2 = PbCO_3$$

其中SiO_2可能为粘附在器物上的土壤成分。

4.3 激光拉曼光谱分析

4.3.1 样品及实验方法

样品来自采获篢的盖口和腹部，所用仪器为显微共焦激光拉曼光谱仪。采用532nm Nd:YAG激光器，50倍长焦物镜，样品采集时间为3s。

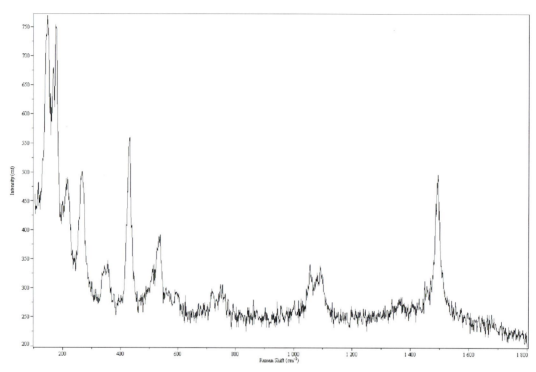

图 4.2　铜锈样品拉曼谱图

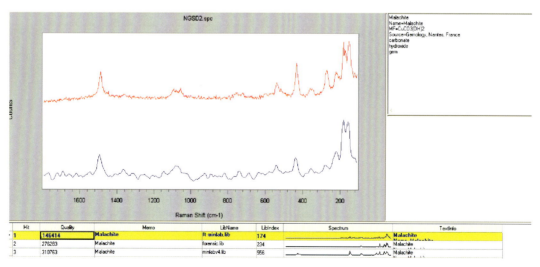

图 4.3　铜锈样品拉曼谱图标准对比图（——样品谱图，——孔雀石标准谱图）

4.3.2 结果及讨论

样品的拉曼光谱分析结果如图4.2、4.3所示，与标准数据库中孔雀石的拉曼特征峰值（155、178、217、268、354、433、509、757、1051、1085、1492cm^{-1}）十分接近，可以判断为孔雀石的特征峰。据此，可判定样品成分为孔雀石。

五　结　论

通过对采获簋的三维激光扫描和CT扫描，以及对本体和铜锈进行的无损测试分析，得出以下结论：

(1)该器物无明显修复痕迹，耳、捉手与器身分范铸造，X射线扫描下纹饰清晰。

(2)属于高锡青铜，此外还含有少量的铅和铁。

(3)其锈蚀产物主要是孔雀石和白铅矿，采样中并没有发现有害锈。

(4)基于上述分析，建议对采获簋进行锈蚀保护时，可用机械方法去除表面浮土、杂质及松软锈蚀。文物库房保存或展出时一定要控制好保存环境，避免与氯化物、硫化物、氮氧化物等一些腐蚀性物质接触。

Chengdu Haton Museum Collections

Bronze Ware Volume

Lei with Four Ram Heads on the Shoulder

Shang Dynasty
(16th c. – 11th c. B.C.)

肆

青铜器卷

成都华通博物馆文物精萃

四羊首罍 商

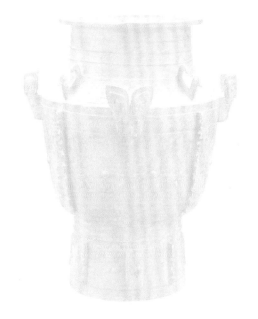

成都华通博物馆　编

图书在版编目（CIP）数据

成都华通博物馆文物精萃 . 青铜器卷 / 成都华通博
物馆编 .—北京：文物出版社 , 2013.12
ISBN 978-7-5010-3901-2

Ⅰ . ①成… Ⅱ . ①成… Ⅲ . ①博物馆－文物－成都市
－图集②青铜器（考古）－中国－古代－图集 Ⅳ .
① K872.711.2

中国版本图书馆 CIP 数据核字 (2013) 第 292391 号

成都华通博物馆文物精萃

青铜器卷

四羊首罍

成都华通博物馆　编

责任编辑　李缙云　周艳明
责任印制　陆　联
装帧设计　李猛工作室

出版发行　文物出版社
地　　址　北京市东直门内北小街 2 号楼
邮　　编　100007
网　　址　http://www.wenwu.com
　　　　　E-mail:web@wenwu.com

制版印刷　北京方嘉彩色印刷有限责任公司
开　　本　889 毫米 ×1194 毫米　1/16
印　　张　13.25
版　　次　2013 年 12 月第 1 版
印　　次　2013 年 12 月第 1 次印刷
书　　号　ISBN 978-7-5010-3901-2
定　　价　320.00 元（全九册）

四羊首罍
Lei with Four Ram Heads on the Shoulder

商代

Shang Dynasty

通高 48.5、口径 25.9、底径 22、肩径 35、
颈高 10、底高 12.6 厘米

○

直口，平折沿，方唇，长直颈，斜肩微内弧，肩与上腹交界处折棱明显，斜直腹近底部弧收成圈底，高圈足,足壁斜直。颈部饰凸弦纹，肩上四立鸟与腹部、足部的四扉棱相对应。折肩下的上腹处有四个卷角羊首，位于两两扉棱中间。肩部饰兽面纹。腹部主纹带为兽面纹，两侧各立一头向下张口的夔纹。主纹带之上有一涡纹带，下为排列方向相同的鱼纹带。圈足部饰凸弦纹、兽面纹。肩部、腹部及圈足所饰纹饰均以云雷纹为地。

四羊首罍

Lei with Four Ram Heads on the Shoulder

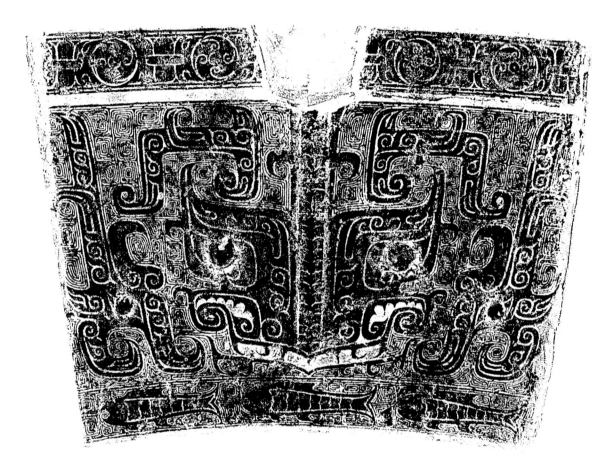

0　　　　　5厘米

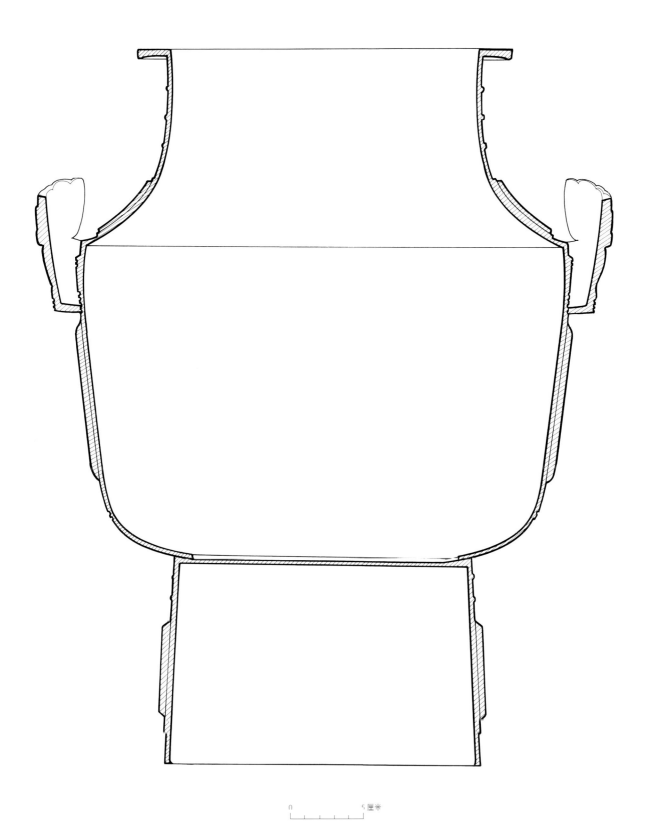

0   5厘米

四羊首罍

于孟洲　夏　微

四羊首罍通高48.5、口径25.9、底径22、肩径35、颈高10、底高12.6厘米。

罍为直口，平折沿，方唇，长直颈，斜肩微内弧，肩与上腹交界处折棱明显，斜直腹近底部弧收成圜底，高圈足，足壁斜直。颈部饰三周凸弦纹，肩上四立鸟与腹部、足部的四扉棱相对应，将肩、腹所饰纹饰四等分。折肩下的上腹处有四个卷角羊首，位于两两扉棱中间。肩部兽面纹躯干作窄长条状，尾先上折后内卷，双目上向两侧横向平伸出与躯干平行的条状角，末端上弧。在躯干和角上都连有弧状线条。兽角呈"T"字形，且横线两端内卷。段勇称这种兽面纹为"T形豕耳类兽面纹"[1]。腹部主纹带为兽面纹，兽头上有曲折角，不见耳、躯干与腿足等部位。兽面两侧各立一头向下张口的夔纹，夔纹的上、下唇均上卷。此主纹带之上有一涡纹带，涡纹间以四瓣目纹（似"米"字形）间隔，但不甚清晰。两者间有窄条状空白间隔。主纹下为排列方向相同的鱼纹带，与主纹间仅以细线条间隔。圈足上部饰两周凸弦纹，中下部饰兽面纹，下不及底，兽面纹外卷角，目、耳的上下各向两侧伸出平行的线条，两者似组成躯干。肩部、腹部及圈足所饰纹饰均以云雷纹为地。

与四羊首罍的整体形制及纹饰布局较为相似的有湖南岳阳市荣湾公社农科二队鲂鱼山出土的铜罍[2]、三星堆遗址二号器物坑出土的铜罍（K2②:159）[3]和湖北沙市郊区东岳村铜罍[4]等，下面分别介绍。

1.鲂鱼山铜罍

该器通高50、口径26.2、腹深34.8、圈足径25.2、圈足高15.6厘米，重10.75公斤。

报道者称鲂鱼山出土的铜罍为尊。这件罍是1982年在岳阳市荣湾公社农科二队的鲂鱼山山

[1]　段勇：《商周青铜器幻想动物纹研究》，第38～40页，上海古籍出版社，2003年。
[2]　张经辉、符炫：《岳阳市新出土的商周青铜器》，《湖南考古辑刊》第二辑，图版壹，岳麓书社，1984年。
[3]　四川省文物考古研究所：《三星堆祭祀坑》，第254～255、265、565页，图一四七，拓片二六，图版九九，彩图73，文物出版社，1999年。
[4]　彭锦华：《沙市近郊出土的商代大型铜尊》，《江汉考古》1987年第4期。

腰出土。出土时，倒卧在距地表深约0.6米的扰土之中，口南圈足北，周围未发现其他器物，可能是窖藏。器为直口，折平沿，方折唇，高直颈，折肩，深腹，腹壁斜直，近底部内收，高圈足。圈足底边伸出三个矮扁足。肩部有四个牺首，牺首之间有四只扁凤鸟。腹部及圈足各有四道扉棱，颈部饰三周弦纹，肩部饰夔龙纹。腹部为四个兽面，每个兽面两侧有倒悬的夔龙，上部为圆涡纹，中间为"米"字形纹，下有三条鱼纹。圈足上也有兽面和夔龙。肩、腹及圈足上的纹饰均以云雷纹为地（图一、二）。报道者推断其年代为商代晚期。

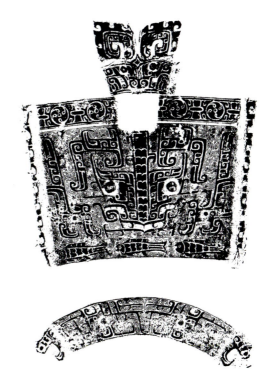

图一　岳阳市鲇鱼山出土铜罍

（采自中国青铜器全集编辑委员会：《中国青铜器全集·商4》，图版九三，第92页，文物出版社，1998年）

图二　岳阳市鲇鱼山出土铜罍纹饰拓片

（上、中、下分别为肩部牺首、腹部及肩部纹饰。采自岳阳市文物管理所：《岳阳市新出土的商周青铜器》，图三。《湖南考古辑刊》第二辑，岳麓书社，1984年）

2.三星堆铜罍（K2②:159）

该器通高54、口径26.5、圈足径24.6厘米，整体形态稍显瘦高。侈口，方唇，直颈，斜肩微弧，深腹，腹壁斜直，高斜直圈足。颈部有三周凸弦纹，肩部有四立鸟与腹和圈足上的四道扉棱相对应，将肩、腹、足的纹饰四等分。肩以下的上腹部有四个卷角羊头，肩部饰云雷纹组成的象鼻龙纹。腹部为两侧内卷角的兽面纹，纹带之上为涡纹与四瓣目纹相间构成的条状纹带。

圈足上部有一周弦纹和四个方形镂孔，镂孔与其下四道扉棱相对应，扉棱间为虎耳兽面纹。圈足近底沿处有六个小圆孔。肩、腹及圈足纹饰均以云雷纹为地（图三、四）。发掘者将三星堆二号坑出土的这件罍推定为大概相当于殷墟二期偏晚[5]。

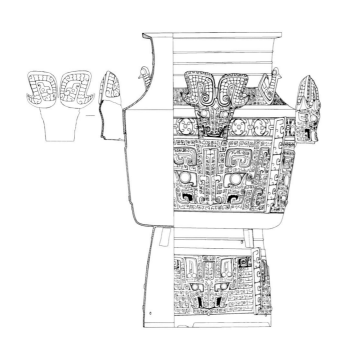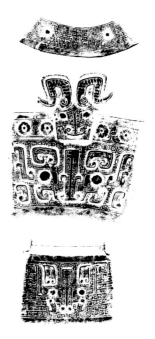

图三　三星堆二号器物坑出土铜罍（K2②:159）

（采自四川省文物考古研究所：《三星堆祭祀坑》，
图一四七，第 265 页，文物出版社，1999 年）

图四　三星堆二号器物坑出土铜罍（K2②:159）纹饰拓片

（上、中、下分别为颈部、肩腹部及圈足部纹饰。采自四川省文物考古研究所：
《三星堆祭祀坑》，拓片二六，第 268 页，文物出版社，1999 年）

3. 湖北沙市铜罍

该器通高51.5、口径28.41、腹径38、底径25、圈足高13、壁厚0.2～0.25厘米，重15.3公斤。

1987年，沙市郊区立新乡农民在东岳村二组兴修鱼塘时发现。该器原埋藏于泥土之中，在表土之下约0.6～0.7米，出土时作横卧状，口朝东底朝西，器内积满黄色淤泥，周围未见其他遗迹。器为直口，斜侈沿，宽短颈，宽斜肩，肩腹交接处转折明显，斜直深腹近底部内收，高圈足。颈部饰三周弦纹，肩部夔纹环绕，间饰四个浮雕的羊头，腹、足部用云雷纹衬地，各饰四组兽面纹，间于四道对称的扉棱。腹部上下各有一周涡纹带，涡纹间以四瓣目纹。圈足靠器底处有对称方形镂孔四个。腹足内壁均有与器表纹饰相对应的兽面阴纹（图五）。报道者将这件铜罍的年代推断为殷墟二期。

---

[5]　同 [3]，第 431 页。

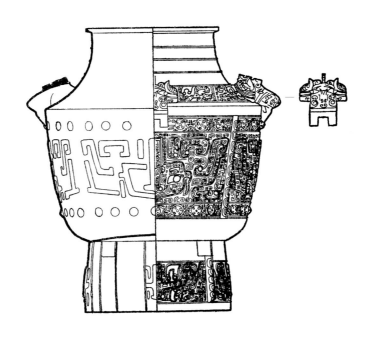

图五　沙市郊区东岳村出土铜罍
（采自彭锦华：《沙市近郊出土的商代大型铜尊》，
图三，《江汉考古》1987 年第 4 期）

　　从上面的介绍看，四羊首罍与鲂鱼山罍从器物大小、形制到器表纹饰都较为接近。如纹饰方面，两者腹部的纹饰基本近似，鲂鱼山罍亦可分为相似的上、中、下三部分纹带，每一部分两者都非常相似。这说明两者年代大体一致。当然两者也有一些差别，如鲂鱼山罍肩部饰夔龙纹，圈足上也饰兽面纹和夔龙纹，还有鲂鱼山罍腹部兽面纹的角较四羊首罍下垂稍长，两者兽面纹两侧的竖立夔纹的角形制不同；鲂鱼山罍为斜折沿，四羊首罍为平折沿；鲂鱼山罍圈足底边接三扁矮足，这不见于四羊首罍。虽然有这些差异，但也并不影响两者年代大体一致的判断。

　　四羊首罍与三星堆二号坑出土的K2②:159罍在形制及纹饰布局上都较为近似，这也支持上面对于四羊首罍所作的年代判定。但后者腹壁斜收程度弱于四羊首罍，且稍显瘦高，尤其是圈足明显高于四羊首罍。三星堆K2②:159罍的纹饰细部和上腹羊首特点等也不同于四羊首罍。四羊首罍也不见后者圈足上的镂孔。

　　沙市罍与四羊首罍间的相似性也很大。但沙市罍肩部兽头的形制和设置位置与四羊首罍不同，也缺少四羊首罍肩部的扁体立鸟装饰。还有两者的肩、腹和足部纹饰也存在一定差异。

　　此外，这种形制与风格的铜罍还有湖南平江县商代铜罍[6]、四川广汉三星堆二号坑铜罍（K2②:70、K2②:88）[7]、江西新干大洋洲商墓铜罍（XDM:44）[8]等。为了更好地把握四羊首罍的时代，我们也对上面这几件同类器加以介绍。

[6]　平江县文物管理所（吴承辉）：《平江县浯口镇出土商代铜罍》，《湖南省博物馆馆刊》第一期，岳麓书社，2005年。
[7]　同[3]，第263、264页。
[8]　四川省文物考古研究所等：《新干商代大墓》，第75页，文物出版社，1997年。

图六　平江县浯口镇江口村出土铜罍
(采自吴承霍：《平江县浯口镇出土商代铜罍》，
图二，《湖南省博物馆馆刊》第二期，岳麓书社，2005年)

4. 湖南平江铜罍

该器通高54、口径32、最大腹径41厘米，重27.3公斤。

1998年，湖南平江县浯口镇江口村村民在汨水北岸的套口里修建拦河坝清基时挖出。该器现藏平江县文物管理所。器为方唇，平折沿，口微敞，颈部高而粗，斜折肩较窄，桶形腹较矮粗，高圈足。肩部有正面朝外的四只圆形立体状立鸟，腹上部四道扉棱之间有四个羊角状牺首，圈足上部有四个方形镂孔。器形纹饰分为颈、肩、腹及圈足四个区域。颈部饰三周较细的凸弦纹。肩、腹及圈足部分纹饰以立鸟和扉棱为界均为四组，每组纹样完全相同，且均以浮雕兽面纹为主体，云雷纹为地。肩部兽面纹为虎耳、无角、尾上卷，两侧各置一横式夔纹。腹部主体为散开状兽面纹，无耳、外卷角、尾下卷，两侧倒立一夔纹，兽面纹上牺首两侧有涡纹乳丁间"米"字纹带，通周共计24个乳丁。圈足上兽面纹为虎耳、无角、尾下卷，尾下倒立一夔纹。比较特别的是，在肩、腹及圈足部兽面纹各部位如鼻端、嘴角、角根、耳根等处装饰了许多小乳丁，腹部每组12个，肩部和圈足除去兽面和夔纹的眼珠外每组8个。扉棱较薄，有"C"字形缺口。器内壁凹凸不平，在外壁纹饰凸起的部位，内壁则相应凹陷，以保持器壁整体厚薄一致（图六）。

5. 江西新干大洋洲商墓出土铜罍

该器通高60.5、口径40.8、腹深43.5、腹径46.3、圈足径32.8～37.5厘米，重35.5公斤。

1989年，新干县大洋洲乡农民在程家村涝背沙丘取土时发现古代遗物，后经考古人员发掘。在全部随葬器物取出后，考古人员确认此处是一座长方形的土坑墓。墓中出土铜罍1件（XDM：44），方唇，侈沿，高宽颈较直，宽折肩，腹较宽矮，腹壁斜直，近底部圆缓回收，圜底较平，斜直高圈足上细下粗，中部似有凸棱。颈饰三周凸弦纹。肩饰四组兽面纹带，其间等距离设置四个立体浮雕外卷角羊首，羊首下连至与肩交接的上腹部。腹部以云雷纹为地，饰分解体兽面纹四组，凸棱鼻，圆凸目。兽面纹间以扉棱相隔。圈足上部饰三周凸弦纹，与腹部扉棱对应处有"十"字形镂孔四个；圈足下部饰单尾上卷的兽面纹四组，并于每组兽面纹左右各配置一夔纹（图七）。

6.三星堆二号坑铜罍（K2②:70、K2②:88）

三星堆二号坑出土铜圆罍5件，修复3件。除上文提到的K2②:159罍外，还有K2②:70罍和K2②:88罍。

K2②:70，通高33.4、口径21、肩径28厘米。侈口，方唇，斜折沿，粗直颈，斜折肩，宽扁腹较深，腹壁斜直，平底，斜直矮圈足。颈部饰三周凸弦纹。肩腹相交处饰四个外卷角羊头，角部高于折肩处。肩部饰四组八身夔龙纹。腹部饰纹三层，上为一周夔纹；中为四组兽面纹，每一兽面纹两侧填凤鸟纹；下为一周目云纹带。圈足饰兽面纹。肩、腹与圈足纹饰均以云雷纹为地（图八）。

K2②:88，通高35.4、口径20.3、圈足径18.6厘米。侈口，方唇，宽折沿，短直颈，斜折肩，深腹宽扁，腹壁斜直，近底部弧收，平底，矮圈足外撇。颈部饰三周凸弦纹。肩、腹与圈足上有四组上下对应的扉棱，将纹饰四等分。肩腹相交处饰四个外卷角羊头，角部位于折肩处以上。肩部与腹上部均饰象鼻龙纹。腹中部主纹为内卷角兽面纹，每一兽面纹两侧各为倒立夔纹。腹下部纹饰为一周目云纹带。圈足上部有四个方形镂孔与其下的扉棱相对，下部饰一周简化兽面纹，足下沿有八个小镂空。肩、腹及圈足均以云雷纹为地（图九）。

上面介绍的4件铜罍，虽形制各有不同，但在总体特征及纹饰布局上与四羊首罍都存在或多或少的相似之处。当然，它们与四羊首罍在形制上的区别也较为明显。比如新干罍和平江罍明显高于四羊首罍，且腹（本文指肩以下至圈足上）较浅，而三星堆罍K2②:70和K2②:88又明显矮于四羊首罍，腹稍深且圈

图七　新干大墓出土铜罍（XDM:44）
（采自江西省文物考古研究所等：《新干商代大墓》，
图四一（A），第76页，文物出版社，1997年）

图八　三星堆二号器物坑出土铜罍（K2②:70）
（采自四川省文物考古研究所：《三星堆祭祀坑》，
图一四五，第263页，文物出版社，1999年）

图九　三星堆二号器物坑出土铜罍（K2②:88）
（采自四川省文物考古研究所：《三星堆祭祀坑》，
图一四六，第264页，文物出版社，1999年）

足较矮。至于纹饰也存在一定差异。

下面将文中提到的8件铜罍的相关数据列表供研究者参考。

器物＼数据	通高（厘米）	口径（厘米）	腹径（厘米）	底径（厘米）	重量（公斤）	口径／通高	腹径／通高	足径／通高
四羊首罍	48.5	25.9	35	22		0.53	0.72	0.45
舫鱼山罍	50	26.2		25.2	10.75	0.52		0.5
三星堆 K2②:159 罍	54	26.5		24.6		0.49		
平江罍	54	32	41		27.3	0.59	0.76	
沙市罍	51.5	28.41	38	25	15.3	0.55	0.74	0.49
新干罍	60.5	40.8	46.3	32.8~37.5	35.5	0.67	0.77	0.54~0.62
三星堆 K2②:70 罍	33.4	21	28			0.63	0.84	
三星堆 K2②:88 罍	35.4	20.3		18.6		0.57		0.53

从上述对比分析看，四羊首罍的年代可大体推断为商代后期。而且能够看出，这种形制与风格的铜罍主要分布于长江流域。张昌平对分布于安徽、江西、湖南、湖北、重庆、四川等地的商代尊、罍进行了系统考察，将本文提到的长江中上游地区的铜罍分为A、B、C三型，认为这三型铜罍的年代都应属于殷墟二期[9]。其实，除长江流域以外，在中原、山东、北方、汉中等地区都发现有商代铜罍[10]。铜罍最早在二里岗上层时期就出现于中原地区，如郑州白家庄M2:1罍。该器通高25、腹径19、足高5厘米。小口，侈沿，束颈，斜折肩，腹弧收，圈足壁微内弧。颈部饰龟形纹三个及云纹一周，腹部有与颈部龟形纹相对的三组兽面纹，圈足饰弦纹两周和"十"字形镂孔三个[11]。湖北黄陂盘龙城商代遗址也发现多件铜罍，如城址89HPCYM1:7罍、王家嘴PWZM1:2罍、李家嘴PLZM1:8罍等（图一〇～一二）[12]。

上述早商阶段[13]的铜罍，在年代上早于四羊首罍，而且也同属于无耳圆罍形制，则不难想象四羊首罍当是直接或间接受中原系统铜罍的影响，而又融入了地方化特色的结果。

[9] 张昌平：《论殷墟时期南方的尊和罍》，《考古学集刊》第15集，文物出版社，2004年。

[10] 王宏对商周时期的铜罍进行了系统的论述，按照铜罍的地域分布范围，将全国分为七个文化区，包括中原文化区、北方地区、山东地区、巴蜀地区、汉中地区、长江中下游地区和岭南地区。详见王宏：《商周青铜罍研究》，陕西师范大学硕士学位论文，2010年。

[11] 河南文物工作队第一队：《郑州市白家庄商代墓葬发掘简报》，《文物参考资料》1955年第10期。

[12] 湖北省文物考古研究所：《盘龙城——1963～1994年考古发掘报告》，第72、75、138、142、194、197页，文物出版社，2001年。

[13] 本文早商阶段的含义取邹衡《试论夏文化》一文中的界定，即包括殷墟文化第一期在内。详见邹衡：《试论夏文化》，《夏商周考古学论文集》，科学出版社，2001年。

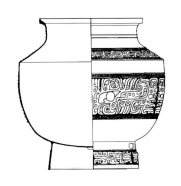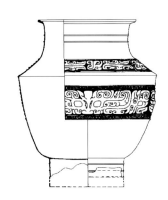

图一〇　盘龙城铜罍（89HPCYM1：7）
（采自湖北省文物考古研究所：
《盘龙城　1963~1994年考古发掘报告》，
图三七，第75页，文物出版社，2001年）

图一一　盘龙城王家嘴铜罍（PWZM1：2）
（采自湖北省文物考古研究所：
《盘龙城——1963～1994年考古发掘报告》，
图八九，第142页，文物出版社，2001年）

图一二　盘龙城李家嘴铜罍（PLZM1：8）
（采自湖北省文物考古研究所：
《盘龙城——1963～1994年考古发掘报告》，
图一三三，第197页，文物出版社，2001年）

王宏认为："青铜罍流行时间长，分布地域广泛，加之各个地区本身文化特质的不同或者同一地域在各个时段文化传统的变迁，造成了商周青铜罍造型多样，文化特征各异的特点。但总体看来，全国范围内的青铜罍主要是以河南、关中地区为代表的中原文化特征为主流，各个地区的青铜罍在铸造艺术方面或者是直接传承中原文化特征，或者是将中原文化中的某一类特点和自己本地的文化特征相结合，创造出一种中原—地方型的复合型器物，或者是具有自身独立的文化系统。"[14]

[14]　同[10]。

四羊首罍检测分析报告

针对四羊首罍做了三项检测分析，包括工业计算机断层扫描、物相组成定性分析和热重与热稳定性分析法。

一　工业计算机断层扫描

1.1 试验方法

由于该件四羊首罍上重下轻，为防止在工作台旋转时重心不稳，故将其倒置，同时依据GJB 5312-2004《工业射线层析成像(CT)检测》分析方法，对其进行数字照相(DR)和扇束扫描(CT)，对切片数据用软件VGStudio MAX2.1进行图像处理。

1.2 结果与讨论

四羊首罍的CT图谱见图1.1～1.10。

图1.1是DR图（X射线透照图），为观察方便拍摄时未取正投影。从图中可见器物肩上中部两个羊首的影像微有重叠，左上方羊首位于照射面正面，右下方羊首为照射面后方（背面）羊首投影。因其距射线头较远，图形稍有放大。

图1.2为经软件处理后的器物图片，与透视图不同，避免了透视时对面纹饰的投影干扰，仅显示可观察的一面，与三坐标激光扫描图类似，可以十分精确清晰地揭露器表纹饰，该四羊首罍涡纹、兽面纹清晰可见。颈部有三周凸弦纹，肩部为四卷角羊首和细密纹饰，腹部为四组兽面纹，腹下部为一周鱼纹带，圈足上部为两周凸弦纹，足中下部为兽面纹（图1.2、1.5）。

图1.3为缺陷分析图，通过观察，该器物无明显修复痕迹，但器物内部存在细小孔洞和裂缝，可能是由于当时铸造过程中产生的缺陷所致。

图 1.1　数字照相图

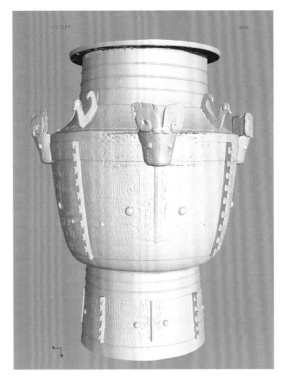

图 1.2　扇束扫描图

图 1.3　缺陷分析图

图 1.4　纵剖面图

图 1.5　颈部纹饰

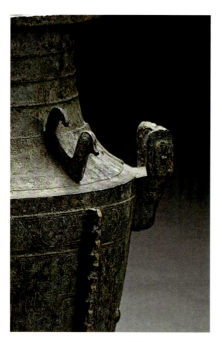

图 1.6　肩部羊首

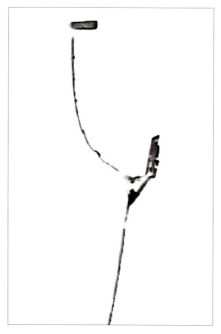

图 1.7　肩部羊首断面图

图 1.8　横剖面图

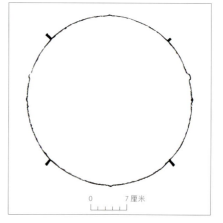

图 1.9　腹部断面图

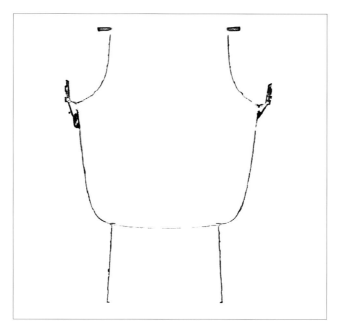

图 1.10　纵向断面图

从图1.4、1.7～1.10可以看出羊首为空心，相连的器壁线未完全闭合，羊首内部直接与器内相通，而各扫描图像显示其器物腹部及底部线条连贯，每条范线均互相连接，没有分铸痕迹，推测整件器物为一次浇铸而成。

经过断层扫描，对器物锈蚀表面下的纹饰进行清晰揭示，对器物结构和缺陷进行观察分析，此外还经软件测量计算，获得器物的基本精确尺寸为通高481.27mm、两耳间距369.28mm，与手工测量数据有一定误差。

二　锈蚀产物成分分析

2.1 物相组成定性分析

为进一步了解四羊首罍的锈蚀状况，对锈蚀产物取样进行物相组成定性分析。

2.1.1 试验方法

锈蚀样品用玛瑙研钵研磨到手触没有颗粒感，然后压制成平板状试样。所用数据库为国际衍射数据中心（ICDD）的PDF-2标准衍射卡片。

2.1.2 结果及讨论

从四羊首罍铜锈ＸＲＤ衍射图谱中可以看出：表面铜锈的主要成分是孔雀石

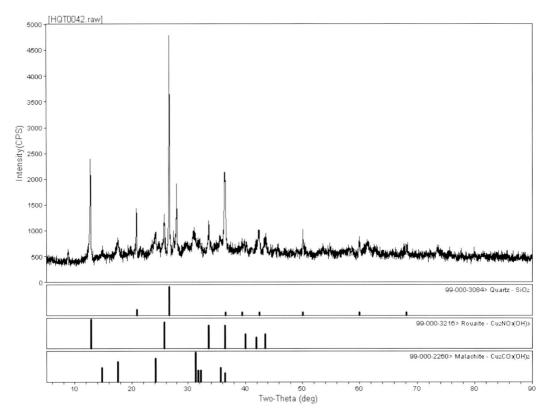

图 2.1　铜锈 XRD 图谱

（$Cu_2CO_3(OH)_2$），俗称"铜绿"，为青铜器物表面铜锈常见成分，性质比较稳定，是一种稳定的"无害锈"，对青铜器物具有保护作用；另外此器物中还检测出比较少见的碱式硝酸铜（$Cu_2NO_3(OH)_3$）成分（图2.1）。铜锈中SiO_2来源于器物上粘附的土壤中的石英成分。

有研究表明，古青铜器暴露于环境中首先与氧气作用生成Cu_2O，当埋藏环境中的H_2O、CO_2进一步腐蚀青铜器则生成一层绿色锈蚀即孔雀石（$Cu_2CO_3(OH)_2$）与蓝铜矿（$Cu_3(CO_3)_2(OH)_2$）。

$$4Cu+O_2 = 2Cu_2O$$
$$6Cu_2O+8CO_2+4H_2O+3O_2 = 4Cu_3(CO_3)_2(OH)_2$$
$$2Cu_2O+2CO_2+2H_2O+O_2 = 2Cu_2CO_3(OH)_2$$

文物埋于地下时处在一饱水的环境中，随着氧气、二氧化碳等的消耗，最终文物处于饱水、缺氧及少二氧化碳的埋藏环境中，因此，在地下埋藏过程中，青铜文物不会进一步锈蚀。文物出土后由于空气中的氧气、二氧化碳以及水蒸气等的作用，将发生上述化学反应而生成蓝绿色锈蚀物。

2.2 热重与热稳定性分析法

热分析法是根据样品在连续温度段下所发生的热力学效应来研究矿物的物理及化学性质的一种现代化的分析技术，其目的在于通过高精密度的热传感器得到样品在加热（或冷却）过程中的热效应曲线，借此确定该样品在温度变化时所产生的一系列热变化效应（包括增重或失重以及吸热或放热）。该方法常用于鉴定肉眼或其他方法难以鉴定的隐晶质或细分散的矿物，特别适于鉴定和研究含有水、氢氧根和二氧化碳的化合物，如黏土矿物、铝土矿、某些碳酸盐矿物、含水硼酸盐及硫酸盐矿物等；该方法还可以测定矿物中结合水的类型等。在文物分析方面，主要对陶瓷胎釉施釉温度、青铜器锈蚀物的成分和某些矿物晶型的热转变过程等进行检测分析。

2.2.1 试验方法

传统的热分析方法往往只能得到一种热效应信息，而同步热分析是将热重分析(TG)与差示扫描量热(DSC) 结合为一体，在同一次测量中利用同一样品可同时得到热重与热稳定性信息。本次检测先使用两个空的铝坩埚测出基线，然后再取少量样品放于其中一个铝坩埚里面进行测试。

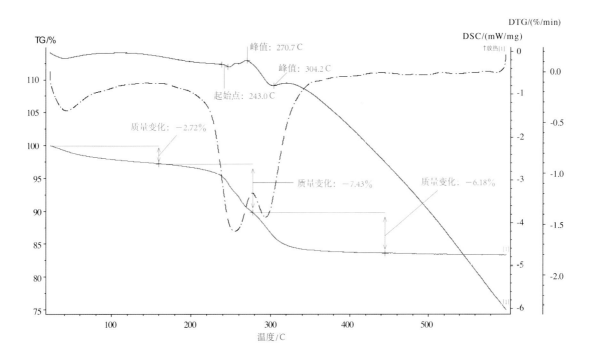

图 2.2　铜锈样品的热重与热稳定性分析谱图

2.2.2 结果及讨论

图2.2中有三条曲线，分别为TG（绿）、DTG（黑）和DSC（蓝）。由TG可得知，铜锈样品在150℃之前只出现较少的失重，这第一阶段的失重可由TG的一次微分曲线DTG明显看到，其失重数值为2.72%，原因主要是由水分的蒸发所导致，由于量较少，基本上在DSC曲线上看不出明显的吸热现象。从150℃～280℃时开始出现第二阶段失重，失重数值为7.43%，在270.7℃处有一个放热峰，推测为分解反应所致，起始反应点为243.0℃。第三阶段失重数值为6.18%，在304.2℃有吸热现象，在300℃时开始分解，350℃分解之后质量基本再无明显变化，表示分解到此结束，根据此段反应推测含有孔雀石（$Cu_2CO_3(OH)_2$），反应分别放出H_2O和CO_2。

三　结　论

通过对四羊首罍的CT扫描、铜锈样品的无损测试分析，得出以下结论：

(1)该件四羊首罍通高481.27mm、两耳间距369.28mm，并可以根据断层扫描存储的三维数据，得出器物任意点之间的精确尺寸。

(2)CT扫描结果表明：四羊首罍无明显修复痕迹；整个器物由一次浇铸而成；存在内部缺陷和裂缝；可揭示被锈蚀物掩盖的纹饰，X射线下纹饰精美。

(3)锈蚀产物主要是孔雀石，没有发现有害锈。

(4)基于上述分析，建议对四羊首罍进行锈蚀保护时，可用机械方法去除表面浮土和杂质。文物库房保存或展出时一定要控制好保存环境，避免与氯化物、硫化物、氮氧化物等一些腐蚀性物质接触。

Chengdu Haton Museum Collections

Bronze Ware Volume

Rectangular Hu with Lotus-petal Rim

Spring and Autumn Period
(770 – 476 B.C.)

青铜器卷

伍

莲瓣方壶

春秋

成都华通博物馆文物精萃

成都华通博物馆　编

图书在版编目（CIP）数据

成都华通博物馆文物精萃 . 青铜器卷 / 成都华通博
物馆编 . —北京：文物出版社 , 2013.12
ISBN 978-7-5010-3901-2

Ⅰ . ①成… Ⅱ . ①成… Ⅲ . ①博物馆－文物－成都市
－图集②青铜器（考古）－中国－古代－图集 Ⅳ .
① K872.711.2

中国版本图书馆 CIP 数据核字 (2013) 第 292391 号

成都华通博物馆文物精萃

青铜器卷

莲瓣方壶

成都华通博物馆　编

责任编辑　李缙云　周艳明
责任印制　陆　联
装帧设计　李猛工作室

出版发行　文物出版社
地　　址　北京市东直门内北小街 2 号楼
邮　　编　100007
网　　址　http://www.wenwu.com
　　　　　E-mail:web@wenwu.com

制版印刷　北京方嘉彩色印刷有限责任公司
开　　本　889 毫米 ×1194 毫米　1/16
印　　张　13.25
版　　次　2013 年 12 月第 1 版
印　　次　2013 年 12 月第 1 次印刷
书　　号　ISBN 978-7-5010-3901-2
定　　价　320.00 元 (全九册)

莲 瓣 方 壶

Rectangular Hu with Lotus-petal Rim

春秋

Spring and Autumn Period

一号通高 65.5、口径 24.8×19、腹宽 35.3×28.5、

圈足径 28.6×21.9 厘米

二号通高 65.2、口径 24.8×20.7、腹宽 35.8×29、

圈足径 28.5×22 厘米

◉

莲瓣方壶一对，形制、纹饰相同，尺寸基本相同。器盖似华
冠，作圆角长方形，周边置14瓣镂空长条形花瓣，顶部饰蟠
龙纹。器盖下沿有龙首状边卡，四周饰云雷纹衬地的蟠龙
纹。壶身扁方形，口稍宽，颈收束，腹部外鼓，圈底，高圈
足。颈部两侧附一对兽首耳，套接两环。颈部及圈足饰蟠龙
纹，腹部饰十字环带纹。

莲瓣方壶

Rectangular Hu with Lotus-petal Rim

0　　　　　5厘米

0   5厘米

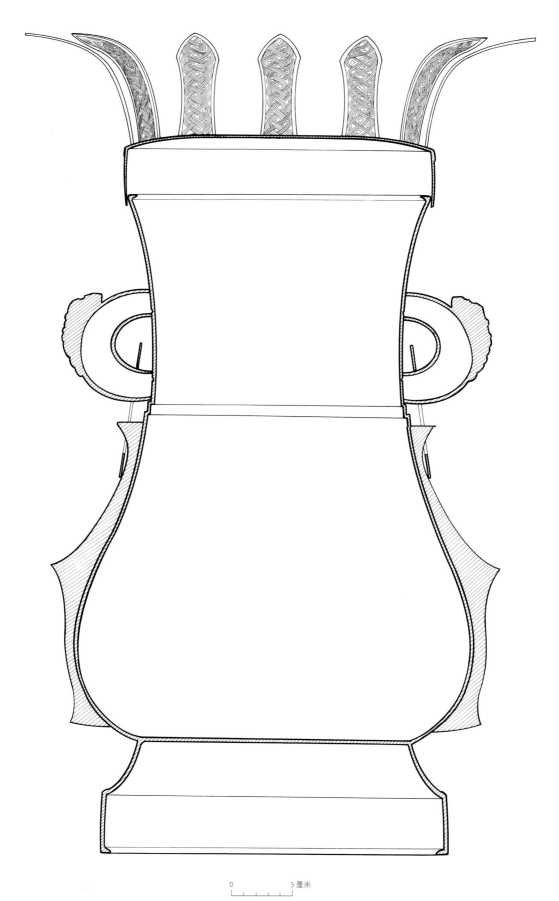

0 　　　　5厘米

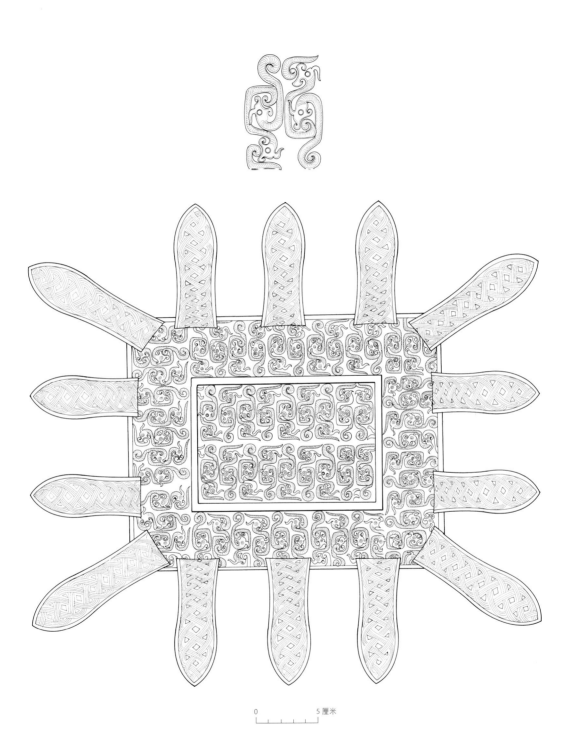

0　　　　　5厘米

莲瓣方壶

张懋镕　王　勇

　　日前于华通博物馆见到青铜莲瓣方壶一对，形体高大，器物厚重，纹饰精美，风格独特，是不可多得的重器。为区别于其他同类型器物，在器名前添加"华通博物馆藏"（简称馆藏）的称呼。今介绍如下，以飨读者。

　　馆藏莲瓣方壶一对，形制、纹饰相同，尺寸基本相同（图一）。一号壶通高65.5、口径24.8×19、腹宽35.3×28.5、圈足径28.6×21.9厘米。二号壶通高65.2、口径24.8×20.7、腹宽35.8×29、圈足径28.5×22厘米。器盖似华冠，作圆角长方形，周边置14瓣镂空长条形花瓣，花瓣向外反卷，瓣与瓣之间不相连。花瓣由4条平行线编织成的菱形图案组成。一般器盖顶部不作装饰，大概是考虑到长条形花瓣会挡住视线，但本器盖的顶部却有繁细的蟠龙纹。每组有两条小龙相互交缠，形状不同，龙身饰斜线纹，中间方框内有18组，方框外有42组（图二）。

　　器盖下沿有边卡，长边有两个，短边有一个，用来卡住壶口。边卡作成龙首状，而龙角已延伸至器盖下沿，龙身向上，盘成一圈后龙尾接近器盖上沿。器盖四周饰云雷纹衬地的蟠龙纹。龙作成各种蟠曲状，加之龙身饰短斜线纹，蟠龙显得悠游自如，灵活生动，线条圆转，婀娜多姿（图三）。

　　壶体呈扁方形，壶口稍宽，颈部收束，腹部外鼓，圜底，下接高圈足。颈部两侧附一对兽首耳，套接两薄片状圆环。颈部及圈足上饰蟠龙纹，但各不相同，与器盖上的蟠龙纹也不同。颈部及圈足上的蟠龙纹相互纠缠，前者以方笔为主，后者则以圆笔为主，或劲健，或妩媚，各有特色。腹部饰十字环带纹，环带的中线隆起，形成尖棱，增强了整器的立体感（图四）。

　　总之，这对方壶形体伟岸，纹饰流畅、挺拔。

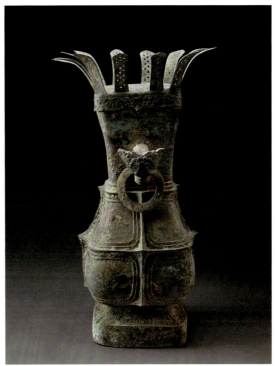

图一　莲瓣方壶

图二　莲瓣方壶器盖顶部纹饰

图三　莲瓣方壶盖沿纹饰

图四　莲瓣方壶腹部纹饰

　　与这对莲瓣方壶形制最接近的是1988年山西太原赵卿墓出土的一对方壶[1]。高度几乎一样，后者通高66.7和67厘米。口径超过后者，后者口径23.4和23.5厘米。腹宽也超过后者，后者最大腹径35.6厘米。同样是花瓣形器盖、束颈、鼓腹，尤其腹部的十字环带纹，几乎一模一样。相似的器物还有1923年河南新郑李家楼出土的龙纹方壶[2]（《中国青铜器全集·东周1》图版二三，下简称《全集》）、1955年安徽寿县出土的蔡侯申方壶[3]（《全集·东周1》图版七四）、河南淅川下寺1号墓出土的龙耳方壶[4]（《全集·东周4》图版三五）。这几件方壶的年代在春秋中期偏晚至春秋晚期。与馆藏莲瓣方壶盖沿纹饰相近的有山西侯马上马墓地M1026出土的铜铏腹部纹饰（M1026:7）[5]、新郑李家楼出土的铜罍肩部纹饰及河南辉县琉璃阁M80

[1]　山西省考古研究所等：《太原晋国赵卿墓》，文物出版社，1996年。

[2]　河南博物院等：《新郑郑公大墓青铜器》，大象出版社，2001年。

[3]　安徽省文物管理委员会等：《寿县蔡侯墓出土遗物》，科学出版社，1956年。

[4]　河南省文物研究所等：《淅川下寺春秋楚墓》，文物出版社，1991年。

[5]　山西省考古研究所：《上马墓地》，文物出版社，1994年。

出土的铜鉴腹部纹饰（M80：1）[6]。这几件器物的年代也在春秋中期偏晚至春秋晚期。综合分析，馆藏莲瓣方壶的年代当在春秋晚期。

蔡侯申方壶、赵卿墓方壶和馆藏莲瓣方壶的特点是器盖上均置有长条形花瓣，不同的是蔡侯申方壶、赵卿墓方壶上的花瓣只有8瓣，而馆藏莲瓣方壶上的花瓣有14瓣。似乎未见花瓣数目有如此多者，故可称之为莲瓣方壶。

在春秋中晚期，通高超过65厘米的方壶很少。1923年河南新郑李家楼出土的著名的莲鹤方壶及两件龙纹方壶，通高分别为125.7、93.2和66.6厘米。它们应是郑国国君的用器。蔡侯申方壶通高80厘米。所以馆藏莲瓣方壶的主人应是一位地位仅次于国君的大贵族，身份当与赵卿相近。

根据张辛的研究，有莲瓣形器盖的陶壶，主要见于侯马组，其范围北至太原，西面与南面到黄河，东至长治一线[7]。其他如洛阳组、郑州组、安阳组、邯郸组均未见这种莲瓣盖陶壶。虽然莲瓣盖铜方壶也见于新郑郑公大墓、寿县蔡侯墓、淅川下寺1号墓，但更多地见于侯马上马墓地、临猗程村墓地[8]、万荣庙前墓地[9]、太原赵卿墓，而且在上马墓地、万荣庙前墓地、潞城县潞河村墓地[10]还出土过年代稍晚的莲瓣盖铜圆壶。

再说馆藏莲瓣方壶的圈足下没有伏兽，这一点和山西长治分水岭M269（通高55厘米）与M270（通高55厘米）[11]、赵卿墓、侯马上马墓地M13、临猗程村M1002出土的方壶一样，不仅方壶，连具有莲瓣盖的圆壶的圈足下也没有伏兽，如侯马上马墓地M15：7。而新郑李家楼出土的著名的莲鹤方壶及两件龙纹方壶圈足下均有伏兽。所以馆藏莲瓣方壶和山西出土的同类器物关系密切。

我们认为馆藏莲瓣方壶应属于晋器[12]，但同时受到楚文化的强烈影响[13]。如前所述，它在形制上的一个特点是腹部起棱的十字环带纹，虽然见于赵卿墓方壶，但这是极个别的例子。相反，在南方例子较多，如新郑李家楼出土的龙纹方壶、蔡侯申方壶、淅川下寺1号墓出土的龙耳方壶。夏志峰将此类方壶形制归为"三节式造型"[14]，认为是楚系器物，可溯源到春秋早期湖北宜城楚皇城采集的一件铜方壶（通高53厘米）[15]。馆藏莲瓣方壶身上既有晋文化的因素，又有楚文化的影响。或许正因为如此，馆藏莲瓣方壶才显得与众不同，迄今未见与它一致或十分接近的器物，这是它的价值所在。

[6]　郭宝钧：《山彪镇与琉璃阁》，科学出版社，1959年。

[7]　张辛：《中原地区东周陶器墓葬研究》，科学出版社，2002年。

[8]　中国社会科学院考古研究所等：《临猗程村墓地》，中国大百科全书出版社，2003年。

[9]　山西省考古研究所：《万荣庙前东周墓葬发掘收获》，《三晋考古》第一辑，山西人民出版社，1994年。

[10]　山西省考古研究所等：《山西省潞城县潞河战国墓》，《文物》1986年第6期。

[11]　山西省文物工作委员会晋东南工作组等：《长治分水岭269、270号东周墓》，《考古学报》1974年第2期。

[12]　赵瑞民、韩炳华：《晋系青铜器研究：类型学与文化因素分析》，山西人民出版社，2005年。

[13]　刘彬徽：《楚系青铜器研究》，湖北教育出版社，1996年。

[14]　夏志峰：《新郑器群三考》，《新郑郑公大墓青铜器》，大象出版社，2001年。

[15]　楚皇城考古发掘队：《湖北宜城楚皇城勘查简报》，《考古》1980年第2期。

莲瓣方壶检测分析

为了更好地了解莲瓣方壶的制作工艺、现有的保存情况等，本研究中心利用现代分析仪器从器物的铸造工艺、内部结构、本体元素含量及锈蚀物物相组成等方面，对其进行了无损/微损检测分析，具体分析检测项目如表1。

表1 莲瓣方壶分析检测项目

编号	检测项目	样品来源	检测目的	仪器
1	工业计算机断层扫描	整体	计算机层析成像	高精度计算机断层扫描系统
2	能谱定性分析	本体	元素分析	微聚焦荧光能谱仪
3	物相组成定性分析	锈蚀产物	物相分析	X射线衍射仪

一　工业计算机断层扫描

莲瓣方壶的计算机断层扫描结果见图1.1～1.9。

利用工业计算机断层扫描层析成像，获取方壶器身数字照相图和扇束扫描图（图1.1、1.2）。扫描图显示莲瓣方壶器身保存完好，无明显修复痕迹，但器物内部有一些孔洞（图1.3）。耳部与器壁衔接处较厚，器壁线闭合，推测可能是先将器物的双耳铸好后，再与器身的外范相合，再铸器身，最终实现构件与器身连接成一体（图1.4、1.5）。从图1.6可以看出口径尺寸为245.26mm、两耳间距尺寸为342.00mm、腹部最宽处为354.97mm、口沿至底部高508.05mm。在X射线下，器物颈部、耳部、足部的精美纹饰清晰可见（图1.7～1.9）。

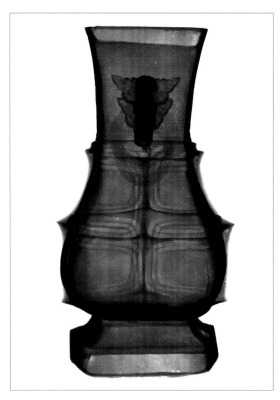

图 1.1　莲瓣方壶数字照相图

图 1.2　莲瓣方壶扇束扫描图

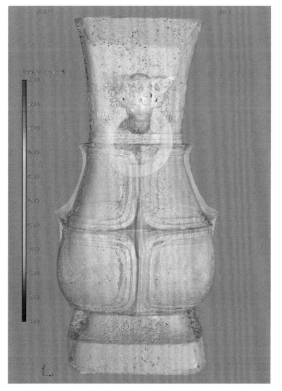

图 1.3　莲瓣方壶缺陷分析图

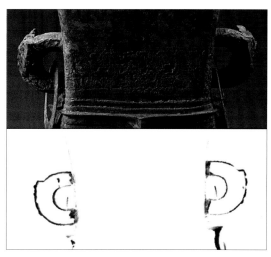

图 1.4　莲瓣方壶耳部工艺分析图

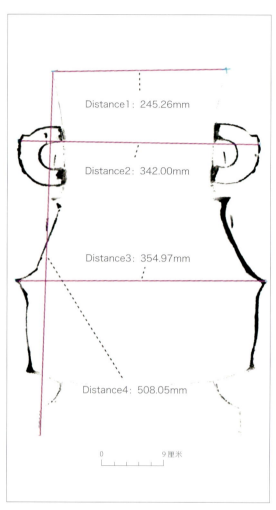

图 1.5-1　耳部剖面图

Distance1：245.26mm

Distance2：342.00mm

Distance3：354.97mm

Distance4：508.05mm

0　　　　　9厘米

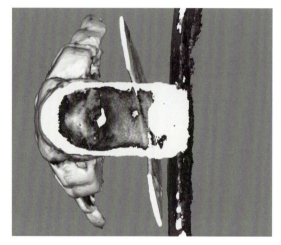

图 1.5-2　耳部剖面图

图 1.6　莲瓣方壶尺寸分析图

图 1.7　莲瓣方壶颈部纹饰扫描图

图 1.8　莲瓣方壶足部纹饰扫描图

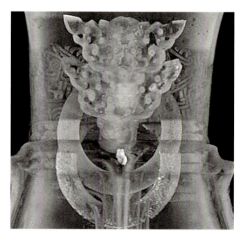

图 1.9　莲瓣方壶耳部纹饰扫描图

二 本体能谱定性分析

莲瓣方壶因体积较大不能直接进入样品仓，故仅对壶盖进行了本体元素分析，选取了6个测试点，结果如表2。

表2 莲瓣方壶分析检测项目

检测点序号	检测部位	元素含量(%)			
		Cu(铜)	Pb(铅)	Sn(锡)	Fe(铁)
1	盖沿	71.28	9.38	17.68	1.66
2		70.39	10.36	17.82	1.42
3		68.25	11.40	18.73	1.62
4		66.53	12.03	20.76	0.69
5		62.74	13.55	23.30	0.41
6		70.79	10.97	17.31	0.92

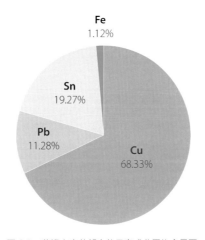

图 2.1 莲瓣方壶盖部本体元素成分平均含量图

从表2莲瓣方壶盖部本体元素组成可以看出，盖部本体元素组成为铜（Cu）、铅（Pb）、锡（Sn）、铁（Fe）；不同部位元素含量有稍微差别，但均以铜（Cu）、锡（Sn）、铅（Pb）为主量元素（图2.1）。从铜、锡、铅元素含量数据分析，此器物锡含量接近20%，属于高锡青铜，金相组织极为复杂，出现大量锡的δ相，导致铸造的青铜虽硬度较高，但极易碎。加入铅，由于铅不与合金溶解及化合，而是以球状或不规则形状分散于合金之中，可以减少青铜脆性。加铅可以提高合金铸造过程中溶液的流动性，减小凝固时的收缩率，增强填充铸型的能力，铸造出一些细部十分精巧的纹饰。

三 器物锈蚀产物分析

采用多晶X射线衍射仪对锈蚀样品进行了物相组成定性分析，其分析谱图如图3.1。

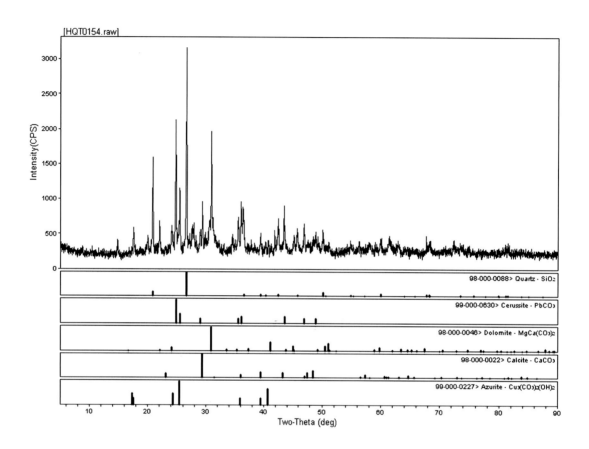

图 3.1 莲瓣方壶足部锈蚀产物 XRD 图谱

从图3.1莲瓣方壶足部锈蚀产物的XRD测试图谱中可以看出：成分主要有蓝铜矿（蓝色，$Cu_3(CO_3)_2(OH)_2$）、白铅矿（$PbCO_3$）、白云石（$MgCa(CO_3)_2$）、方解石（$CaCO_3$）和石英（SiO_2）。其中蓝铜矿是青铜器物表面铜锈常见成分，成分比较稳定，可以防止金属继续氧化腐蚀，对器物起到良好的保护作用，属于"无害锈"，主要是由于古青铜器暴露于环境中首先与氧气作用生成Cu_2O，再与埋藏环境中的H_2O、CO_2进一步腐蚀而生成的，反应机理如下：

$$4Cu+O_2 \Longrightarrow 2Cu_2O$$

$$6Cu_2O+4H_2O+8CO_2+3O_2 \Longrightarrow 4Cu_3(CO_3)_2(OH)_2$$

白铅矿（$PbCO_3$）是由于青铜器在铸造时为了增加铜液的流动性，加入了少量的铅而产生的，莲瓣方壶本体元素能谱定性分析也证实了这点，另外几种成分应该是来自外部保存环境中。

四　结　论

通过对莲瓣方壶的计算机断层扫描和对其本体及其锈蚀产物的检测分析，得出以下结论:

(1)莲瓣方壶保存较好，器身无修复痕迹。器物双耳与器身为单独铸造而成，然后又通过铸接形成整个器物，口径为245.26mm、两耳间距为342.00mm、腹部最宽为354.97mm、通高508.05mm。在X射线下，器物颈部、耳部、足部的精美纹饰清晰可见。

(2)盖部本体元素组成为铜、铅、锡、铁;不同部位元素含量有稍微差别，但均以铜、锡、铅为主量元素，是典型的古代铜锡青铜器。

(3)莲瓣方壶足部锈蚀产物成分主要有蓝铜矿、白铅矿、白云石、方解石和石英。其中蓝铜矿是青铜器物表面铜锈常见成分，成分比较稳定，属于"无害锈"，可以防止金属继续氧化腐蚀，对器物起到良好的保护作用。

成都華通博物館
CHENGDU HATON MUSEUM

Chengdu Haton Museum Collections

Bronze Ware Volume

Fou with Trunk-shaped Handles
and Whorl Design

Spring and Autumn Period
(770 – 476 B.C.)

成都华通博物馆文物精萃

青铜器卷

柒

兽首耳缶

春秋

成都华通博物馆　编

图书在版编目（CIP）数据

成都华通博物馆文物精萃 . 青铜器卷 / 成都华通博
物馆编 .—北京：文物出版社 , 2013.12
ISBN 978-7-5010-3901-2

Ⅰ . ①成… Ⅱ . ①成… Ⅲ . ①博物馆－文物－成都市
－图集②青铜器（考古）－中国－古代－图集 Ⅳ .
① K872.711.2

中国版本图书馆 CIP 数据核字 (2013) 第 292391 号

成都华通博物馆文物精萃

青铜器卷

兽首耳缶

成都华通博物馆　编

责任编辑　李缙云　周艳明
责任印制　陆　联
装帧设计　李猛工作室

出版发行　文物出版社
地　　址　北京市东直门内北小街 2 号楼
邮　　编　100007
网　　址　http://www.wenwu.com
　　　　　E-mail:web@wenwu.com

制版印刷　北京方嘉彩色印刷有限责任公司
开　　本　889 毫米 ×1194 毫米　1/16
印　　张　13.25
版　　次　2013 年 12 月第 1 版
印　　次　2013 年 12 月第 1 次印刷
书　　号　ISBN 978-7-5010-3901-2
定　　价　320.00 元 (全九册)

兽首耳缶

Fou with Trunk-shaped Handles and Whorl Design

春秋

Spring and Autumn Period

通高 34.5、通宽 50、口径 21、最大腹径 40、底径 20.5、

盖径 25、捉手径 9.5 厘米

器盖似覆碗，隆起较高，盖顶附喇叭形捉手，捉手下部有四个对称镂孔。器身口较小，平折沿，矮直领，广肩。肩腹部附兽首环耳一对，耳下饰小珥。腹圆鼓，最大腹径偏上，下腹圆弧内收，矮圈足，足内平底。身上部饰绹纹箍棱，间以圆饼形饰一周，并饰有蟠虺纹带。腹下部饰倒三角纹。器盖饰与器腹同样的箍棱、圆饼形饰及蟠虺纹带，捉手亦饰蟠虺纹。

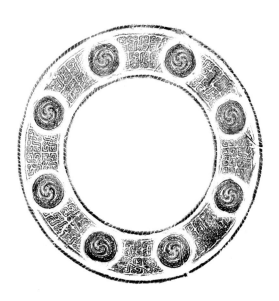

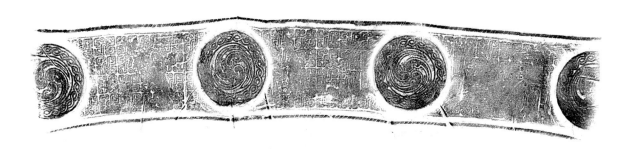

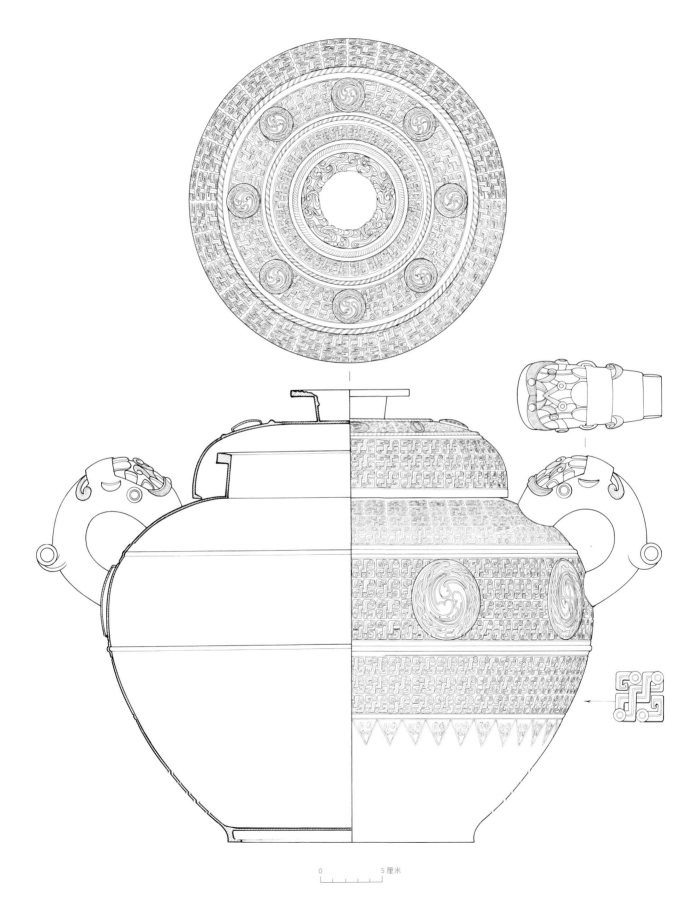

0   5 厘米

兽首耳缶

唐凛然

兽首耳缶通高34.5、通宽50、口径21、最大腹径40、底径20.5、盖径25、捉手高2、捉手径9.5厘米。

缶由盖和器身组成。器盖形似覆碗，隆起较高，盖顶附喇叭形捉手，捉手下部有四个对称镂孔。器身口较小，平折沿，矮直领，广肩。肩腹部附一对粗大的兽首环耳，其上部兽首为镂空浮雕，双角向上内卷，有耳，怒目，巨口，利齿，其中三对利齿向中间聚拢，一对獠牙咧出于兽口外，形象狰狞；器耳外侧偏下饰一圆形小珥，似作怪兽卷曲的背鬣；器耳中空，内侧开口，截面呈U形。腹圆鼓，最大腹径偏上，下腹圆弧状内收，接近底部处转而斜直下收形成极矮的圈足，圈足内为平底。器身上半部饰两道带绚纹的箍棱，其间为一周8枚凸起的圆饼形饰，圆饼上各饰一个三分式圆涡纹与一周绚纹。箍棱上下及圆饼之间的器身大部填充以细密繁复的蟠虺纹带，其中每个纹饰单元由四条小蛇构成，两条小蛇作"8"字形斜向交体，另外两条则分别蜷曲于"8"字形两侧的另两个斜角。器腹下部垂一周倒三角纹，其内填以云雷纹。器盖饰与器腹同样的箍棱、圆饼形饰及蟠虺纹带，纹饰布局亦与器腹相似，盖顶捉手亦饰蟠虺纹。此外，器耳兽首的利齿与双角亦未被忽略，饰以云雷纹与细棱纹（图一）。

同类缶绝大部分集中发现于湖北、豫南以及安徽寿县等楚文化的重要区域（包括深受楚文化浸染的蔡、曾等诸侯国文化区域），虽在四川、山东、河北、广东等地也有零星的缶出土，但亦基本系楚地传入或仿自楚器。此外，浴缶最早期的形态亦仅见于鄂北豫南的楚地，其后才渐及于其他区域。可以肯定，这一器类为楚文化所特有，对此，楚文化学者刘彬徽亦有论述[1]。

参照已有的出土实物，兽首耳缶与曾侯乙墓出土的4件盥缶（C.186～C.189）有相似之处[2]。曾侯乙墓的4件盥缶出土于中室的西南角。形制相同。直口，方唇，短颈，圆肩，鼓腹，

[1] 刘彬徽：《楚系青铜器研究》，第210页，湖北教育出版社，1995年。

[2] 湖北省博物馆：《曾侯乙墓》，文物出版社，1989年。

图一　兽首耳缶

平底，圈足。有盖，盖缘直壁，罩住器口，置于肩上，盖中心有喇叭形提手，近盖沿处有一周等距离分布的5个圆饼形乳突（每个直径6厘米）。器身肩腹间有两个兽面形环耳，耳上各套一提链。提链由三节组成，两端的两节是圆环，中间一节呈相连双环形，介于两环之间的直梗，两端为兽口衔环状。上腹部有一周等距离分布的6个圆饼形乳突（每个直径6.8厘米）。盥缶的纹饰题材、结构相同。盖上喇叭形提手饰浅浮雕的星点状蟠云纹，盖沿饰勾连粗云纹，盖沿和腹部有梭形界纹五周（盖上一，腹部四）。腹部界纹之间饰勾连粗云纹、蟠龙纹和鸟首龙纹，圆乳突上饰四分式涡纹（图二～四）。镶嵌和铸镶纹饰所用的嵌填物质料有别。有两件（C.186、C.189）镶嵌绿松石，多已脱落；另两件（C.187、C.188）为铸镶法形成的紫铜花纹。四件盥缶器盖内和器肩部均有铭文"曾侯乙作持用终"七字（图五）。器身由四外范（腹部三，底部一）加一内范铸成，盖纽、环耳分铸焊接于器身。这四件器物的定名和功用，是根据河南淅川下寺楚墓和安徽寿县蔡昭侯墓出土之器的自铭来考察的。淅川楚器自铭"浴缶"，寿县蔡器自铭"盥缶"，表明此类器应为水器（作盥洗用的储水器）。

　　兽首耳缶与春秋中期后段的河南淅川下寺M36所出浴缶（图六）在整体器形、器耳形态与

图二　曾侯乙墓 C.186 盥缶

图三　曾侯乙墓 C.187 盥缶

图四　曾侯乙墓 C.189 盥缶

图五　曾侯乙墓 C.189 盥缶铭文拓片

纹饰布局上也颇为相似，但就器腹、器盖新增的圆饼形饰及腹底形态的变化趋势而言又接近春秋晚期前段的下寺 M1 所出同类器（图七）[3]。综合来看，兽首耳缶应处于上述两例的过渡阶段，属春秋中晚期之交的楚系器物。

　　浴缶以器物自铭而得名，也有自铭"盥缶"者，由器铭来看显系盥洗所用水器，但具体用途尚待确证。不过其直领小口罩于盖内的结构以及器耳上常见的提链都与楚器中的浴鼎甚为相似，后者为煮热水之器，小口直领带盖可增强保温之效，提链可便于移动而免于烫伤，以此推测，浴缶可能为盥洗时储存备用热水的容器。考古所见此类器物往往形体厚重，装饰较精，蔡昭侯墓、曾侯乙墓、楚幽王墓等诸侯国君墓所出浴缶皆四件成组，保存完好的令尹、左尹等楚

[3]　河南省文物研究所等：《淅川下寺春秋楚墓》，文物出版社，1991 年。

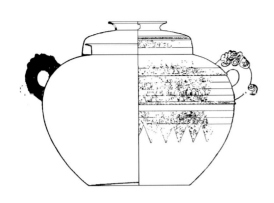

图六　淅川下寺 M36 出土浴缶（M36:3）

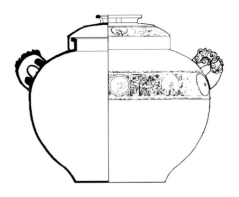

图七　淅川下寺 M1 出土浴缶（M1:72）

国中高级贵族墓葬中往往两件相同的浴缶成对出土，小贵族墓葬中则甚为少见或仅偶有仿铜的陶质浴缶，可见此类礼器等级较高，并有其特定的使用制度。据已有资料，浴缶时代最早、形态最原始者见于春秋中期前段的谷城新店楚墓[4]与淅川下寺M7[5]，其纹饰相对单一粗糙，器盖捉手、器耳、底足等部位形制也相对简单；至春秋中期后段，浴缶器耳由简单的环纽变为兽形环耳，纹饰更为纤细、繁缛；至春秋晚期后，又在器身与器盖上新增了圆饼形饰、镶嵌红铜龙纹等装饰题材，器耳除兽形外又新增衔环、提链等形式，最大腹径开始逐渐上移，器底亦由圆弧内收成底演变为斜直下收形成渐高的足跟，相应地，整器高、宽比例也由最初的相差较大而渐趋接近，器形风格由粗矮渐趋匀称。从兽首耳缶精细生动的浮雕镂空兽形耳、腹部与器盖的圆饼形饰以及斜直的足跟来看，此器已具备这一器类较为成熟的形态，铸造工艺亦达到了较高的水平，其纹饰虽不及蔡昭侯墓、曾侯乙墓浴缶所饰镶嵌红铜龙纹那般华丽，但纤细繁缛、清晰流畅的蟠螭纹带亦属此类纹饰的上乘之作。无论从器形或纹饰来看，兽首耳缶都可作为这一时期楚式浴缶的典型代表，具有较高的历史与艺术价值。

[4]　陈千万：《谷城新店出土的春秋铜器》，《江汉考古》1986 年第 3 期。

[5]　同 [3]。

兽首耳缶检测分析

利用科学分析仪器对兽首耳缶进行了细致的无损检测分析工作，具体内容包括（表1）：

一、利用激光扫描技术，获取器物空间三维点坐标。

二、利用高精度计算机断层扫描系统获得层析图像，了解器物铸造工艺、表面细微缺陷、内部结构情况等。

三、分析该器物各种金属元素的含量，了解铸造器物的金属配比情况。

四、分析青铜器锈蚀产物的组成成分，了解该器物是否受到有害锈的侵蚀。

表1 兽首耳缶分析检测项目

序号	检测项目	检测样品	检测目的
1	三维激光扫描	器物整体	获取器物三维空间坐标、尺寸
2	工业计算机断层扫描	器物整体	获得 CT 扫描图像，分析铸造工艺、表面缺陷情况
3	能谱定性分析	本体及锈蚀产物	对器物本体及锈蚀产物的主量元素如铜、锡、铅进行定性、半定量分析
4	物相组成定性分析	锈蚀产物	了解锈蚀产物成分
5	激光拉曼光谱分析	锈蚀产物	了解锈蚀产物成分
6	热重与热稳定性分析	锈蚀产物	绘制热重及热稳定性曲线，获得锈蚀产物质量变化与热效应两种信息

一 器物三维激光扫描

三维扫描技术是一种先进的全自动高精度立体扫描技术，通过测量空间物体表面点的三维坐标值，得到物体表面的点云信息，并转化为计算机可以直接处理的三维模型，又称为"实景复制技术"。

对于文物保护，三维扫描技术能以不损伤物体的手段，快速获得文物的外形尺寸和纹理，所记录的信息相对完整精确，配合照片和录像等记录则可以更为全面地采集和保存器物基本信息。利用这些信息构建的模型便于长期保存、复制、再现、传输、查阅和交流，可以让研究者在不直接接触文物的情况下，对其进行直观的观察和研究。

兽首耳缶的扫描截图见图1.1～1.6。

图1.1　前视图

图1.2　后视图

图1.3　左视图

图1.4　右视图

图1.5　俯视图

图1.6　仰视图

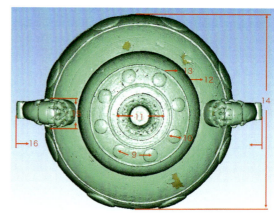

图 1.7　基本尺寸图

表2　兽首耳缶详细尺寸数据表

序号	测量部位	尺寸(mm)
1	底径	201.044
2	箍棱（下）直径	391.440
3	两道箍棱间距	76.054
4	器身两涡纹圆心间距	91.421
5	器身涡纹直径	60.061
6	箍棱（上）直径	367.978
7	通高	355.087
8	捉手高	20.263
9	器盖两涡纹圆心间距	65.107
10	器盖涡纹直径	26.695
11	捉手直径	93.804
12	盖口沿直径	248.407
13	口径	214.114
14	腹径	391.424
15	耳宽	58.020
16	两耳间距	508.547

图 1.8　破损区域示意图

表3 破损区域测量数据统计表

名称	最长测量值(mm)	最宽测量值(mm)
破损 1	43.219	29.544
破损 2	12.015	7.476
破损 3	26.897	22.501
破损 4	18.731	22.685
破损 5	23.606	50.653
破损 6	92.003	43.589
破损 7	28.326	16.580

采用柔性关节臂三坐标测量机对兽首耳缶进行全面激光扫描，以"点云"的形式呈现器物空间位置，建立器物三维数字化立体模型，全方位呈现兽首耳缶外部特征和精美纹饰。

图1.1～1.6展示了器物激光扫描模型的前、后、左、右、俯、仰视图等二维常规观察面的扫描截图，在特定软件下可以三维立体观察器物。通过对器物空间点位置的测量，可以获知兽首耳缶整体或局部精确尺寸，如图1.7和表2显示，经过测量可得知该器物通高、耳宽、口径、底径、腹径等关键部位基本尺寸信息，并可以方便地获取其他关注部位的尺寸，充分全面地采集器物各部位数据信息；图1.8和表3为器物破损部位和相应的尺寸，关注器物的破损状况，测量出最大破损处长92.003mm、宽43.589mm，最小破损处长12.015mm、宽7.476mm。

二 工业计算机断层扫描

工业计算机断层扫描（ICT，Industrial Computerized Tomography）是计算机技术与放射学相结合产生的一门成像技术。它在无损状态下获得被测断面的二维灰度图像，然后以图像的形式清晰、准确、直观地展现器物内部的结构特征(有无缺陷及缺陷的性质、位置、大小)，反映不同材质文物的保存情况，揭示被锈蚀物覆盖的铭文、纹饰以及器物铸造工艺痕迹。工业CT与常规的射线检测技术相比，能够给出器物的断层扫描图像，从图像上可以直观地看到目标细节的空间位置、形状、大小，图像容易识别和理解，它没有一般透视照相法普遍存在的影像重叠与模糊问题，对比灵敏度比常规射线检测技术高两个数量级。

2.1 试验方法

依据GJB 5312-2004《工业射线层析成像(CT)检测》，将兽首耳缶固定于旋转台上进行数字照相(DR)和扇束扫描(CT)，对切片数据用软件VGStudio MAX2.1进行图像处理。

2.2 结果与讨论

兽首耳缶的CT图谱见图2.1～2.10。

图 2.1　数字照相图（反相）

图 2.2　扇束扫描图

图 2.3　扇束扫描图

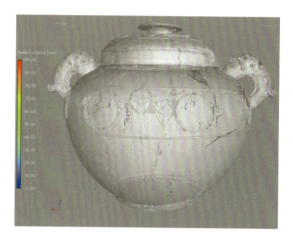

图 2.4　缺陷分析图（≤ 100mm³）

图 2.5　纹饰图

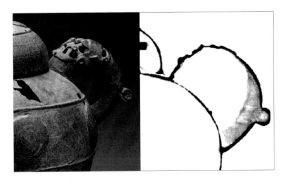

图 2.6　耳部与器身连接处照片及断层扫描断面图

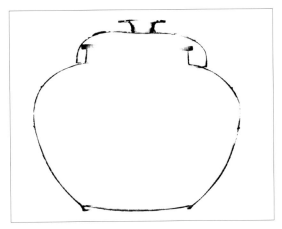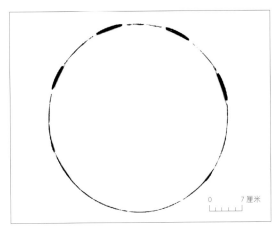

图 2.7　纵向断面图（侧剖）　　　　　　　　　　　图 2.8　腹部斜截断面图

0　　　　7厘米

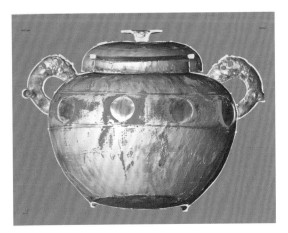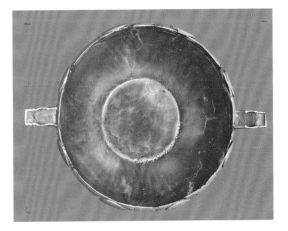

图 2.9　纵剖面图　　　　　　　　　　　　　图 2.10　横剖面图

　　图2.1类似于X光机的透射图，前视面与后视面叠加在同一张图片上。射线的发射点略高于器物的中心面，从而使上箍棱和下箍棱形成了上下两个椭圆形。后视面的涡纹直径略大于前视面，是由于其位置距射线发射点较远的缘故。

　　为了更清晰地观察器表纹饰，对其进行了扇束扫描（图2.2、2.3），可观察到器身的纹饰格外清晰。器身上半部有两道带绚纹的箍棱，其间为一周8枚凸起的圆饼形饰，每个圆饼上清晰可见一个三分式圆涡纹与一周绚纹，箍棱上下及圆涡纹之间的器身大部填充了蟠螭纹带，器腹下部有一周倒三角纹，其内填以云雷纹。为使主体纹饰显得更加清晰，改变了几个透照参数进行观察（图2.5）。

综合图2.1～2.5多角度断层扫描图观察到兽首耳缶存在多处破损，如图2.1中器身明显的灰白和白色部分为器壁破损和裂纹，内部有细小孔洞和裂痕。

图2.3中右边的圆涡纹左右下侧较为浓黑的部分是缺陷所致，圆饼四周的阴影为扫描时因厚度的变化产生的拖影。

从图2.6观察到，器物耳部的兽首为镂空浮雕，截面呈U形，中空，而与耳部相接的器壁为闭合线，说明器身与器耳非整体一次浇铸。通过断层扫描建立的三维数据模型，对器物进行剖切，分析其断面结构和特征，显示其外轮廓、内轮廓和器壁厚薄、断续等基本情况（图2.7～2.10）。断面线条非连续为器物破损处，突出加厚的部位为凸弦纹、圆涡纹等浮雕装饰。图2.8中针对腹部圆涡纹部分进行斜截，得出上部四个厚壁部分为圆涡纹装饰截面，下部相对平滑是由于避开涡纹所切的断面造成。通过剖面图，可以直观地观察器物内部结构。图2.9、2.10为该缶的纵向和横向剖面图，内壁有多处明显的裂纹和破损，白色边缘部分为器壁截面，可观察到在捉手、口沿、兽首耳和器身箍棱、凸出装饰部位线条较粗，说明这些部位壁较厚，而图2.10白色边缘线有断续，则是器壁破损造成。

三　能谱定性分析

微聚焦荧光能谱仪进行的能谱定性分析具有不破坏器物、无需制样、分析速度快、精度高和成本低等优点，比较适合文物样品分析，国内外学者已经做了大量研究工作。

能谱定性分析方法能够将化学元素原子序数中排列在钠（Na）～铀（U）区间的所有化学元素检测分析出来，其检测结果有助于对青铜器合金成分进行分析，进而了解当时的历史和冶炼、铸造技术。

利用检测中心配备的大样品室能量色散型X射线荧光能谱仪（EDXRF），在对器物无损的条件下，在每个部位选取五个测试点，对器物本体的主量元素进行定性、半定量分析，结果见表4。

图3.1　EDXRF 分析测试点分布图

表4　兽首耳缶本体元素组成(wt%)

检测点序号	检测部位	元素含量		
		Cu(铜)	Pb(铅)	Sn(锡)
1	捉手	69.46	3.47	27.08
2		75.55	7.17	17.28
3		71.24	8.45	20.31
4		72.21	5.51	22.29
5		73.61	4.99	21.40
6	盖口	75.60	7.22	17.18
7		72.35	7.72	19.93
8		74.99	5.43	19.58
9		70.91	7.02	22.07
10		71.05	5.13	23.82
11	耳	80.09	4.75	15.16
12		79.81	5.34	14.85
13		79.30	5.51	15.20
14		79.16	5.61	15.23
15		78.97	5.37	15.66
16	腹部	75.59	4.91	19.50
17		75.35	4.87	19.79
18		76.72	6.60	16.69
19		76.59	5.25	18.15
20		76.12	5.84	18.04
21	圈足	67.14	9.81	23.05
22		73.89	5.90	20.20
23		72.62	6.61	20.77
24		70.25	9.02	20.73
25		76.32	5.84	17.84

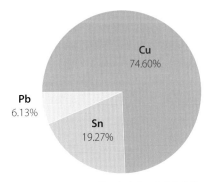

图3.2　兽首耳缶本体元素成分含量

　　X射线荧光能谱仪分别从兽首耳缶的捉手、盖口、双耳、腹部、圈足五个部位的本体元素进行定性、半定量数据分析，具体检测点和统计数据如图3.1、表4。从表4可以看出：此器物本体元素组成为铜（Cu）、铅（Pb）、锡（Sn）；其中铜约占74.6%、锡为19.27%、铅为6.13%（图3.2）。捉手、盖口、腹部、圈足四个检测部位各元素含量比较接近，而耳部的元素含量和其他检测部位却有明显差别（铜含量略高于其他部位，锡含量明显低于其他部位），这种差异或许也间接揭示了双耳和器身的分铸关系。

根据铜－锡－合金平衡相图，含锡量在20%～40%之间时，合金组织极为复杂，且强度与塑性都变得很低，这是由于组织中出现大量由锡形成的δ相造成，而由于铅不能熔解于铜内，只能在铜液中均匀地分布作滴状浮悬，这种以软质地分布于组织中可弥补锡青铜的疏松。铅的加入可以提高合金溶液的流动性，使填充铸型的能力增强，便于铸造出一些细部十分精巧的纹饰。

四　锈蚀产物成分分析

4.1 能谱定性分析

青铜器表面经过长期的自然锈蚀，生长了大量的铜、锡、铅矿化物，为了快速准确检测出锈蚀产物的成分，从而进一步判断是否已受到有害锈的侵蚀，从兽首耳缶盖顶取少量铜锈样本进行检测，结果见表5。

表5　锈蚀产物能谱定性分析结果

样本名称	元素含量 (%)						
	Si(硅)	S(硫)	Ca(钙)	Fe(铁)	Cu(铜)	Sn(锡)	Pb(铅)
兽首耳缶盖顶锈	20.71	20.87	33.15	5.60	11.41	6.73	1.53

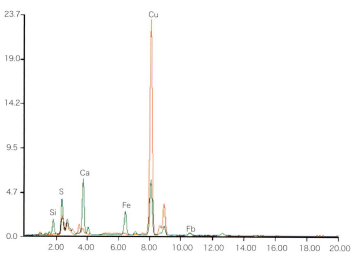

图 4.1　铜锈与本体的 EDXRF 谱图（——本体，——铜锈）

结果表明：锈蚀产物中没有氯化物，可初步判断器物没有产生有害锈。

铜锈与本体相比，铜锈产物中铜的含量下降，这是由于铜在腐蚀过程中产生的金属离子会在土壤电解液的作用下向表面迁移，部分铜离子与土壤中的腐蚀因素如腐植酸作用生成稳定的络合物，使部分铜从青铜表面流失到土壤中。而铜锈中Ca的含量却相当大，推测其中还有含Ca的氧化物，而Si、S、Fe推测来自埋藏环境中的地下水或土壤，Ca可能来自于土壤中的盐类（图4.1）。

4.2 物相组成定性分析

4.2.1 试验方法

锈蚀样品用玛瑙研钵研磨到手触没有颗粒感，把粉末填入长宽深20mm×20mm×0.5mm的玻璃样品槽内进行扫描。所用仪器为日本理学电机公司生产的D/max-2550V/PC型多晶X射线衍射仪，解谱软件为美国MDI公司的Jade7.0，数据库为国际衍射数据中心（ICDD）的PDF-2标准衍射卡片。其XRD谱图如图4.2。

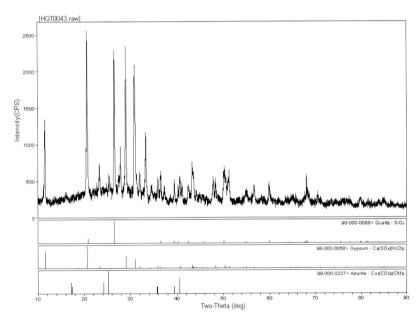

图 4.2　铜锈 XRD 图谱

4.2.2 结果及讨论

通过检测兽首耳缶铜锈的图谱结果可以看出，该器物铜锈的组成有石膏（$CaSO_4(H_2O)_2$）、石英（SiO_2）以及极少量的蓝铜矿（$Cu_3(CO_3)_2(OH)_2$）。与EDXRF检测结果非常吻合，锈蚀产物中Ca的比重较大，是由于混合了较多的石膏的缘故。

硫酸盐是一种常见于室外青铜器上的腐蚀产物，是空气中SO_2在潮湿情况下作用的结果。而含量较多的SiO_2可能来源于粘附在器物上的土壤中的石英成分。

4.3 激光拉曼光谱分析

拉曼光谱（Raman）是分子光谱，物质不同，其拉曼光谱也有所不同，如同人的指纹一样。因此，根据物质的拉曼光谱，原则上可确定其分子组成。以激光作为光源的拉曼光谱称为激光拉曼光谱，它具有无损、空间分辨率高、抗干扰强、使用方便、光斑小等优点，现在已经广泛应用于考古和艺术品的研究领域中。

4.3.1 样品及试验方法

样品来自兽首耳缶的内壁，所用仪器为法国JY公司生产的HR型显微共焦激光拉曼光谱仪。采用532nm Nd:YAG激光器，50倍长焦物镜。

4.3.2 结果及讨论

样品的拉曼光谱分析结果如图4.3、4.4所示，与标准数据库中石膏及石英的拉曼特征峰值十分接近，据此，可判定样品主要组成为石膏和石英，与物相组成定性分析结果基本吻合，未能测出蓝铜矿可能是由于其含量极少且样品混合物过多。

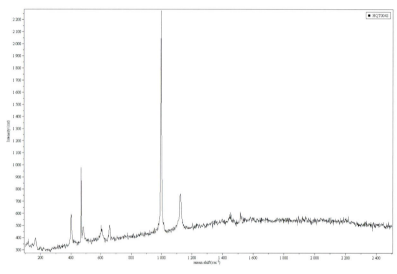

图4.3　铜锈样品拉曼谱图

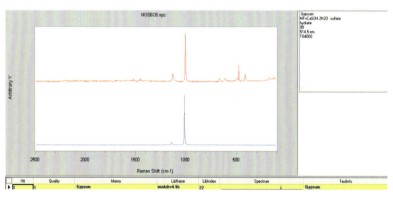

图4.4　铜锈样品拉曼谱图标准对比图（——样品谱图，——石膏标准谱图）

4.4 热重与热稳定性分析法

4.4.1 试验方法

先使用两个空的铝坩埚测出基线，然后取少量样品放于其中一个铝坩埚里面进行测试。

4.4.2 结果与讨论

图4.5中有三条曲线，分别为TG（红）、DTG（绿）和DSC（蓝）。从TG及DSC曲线可

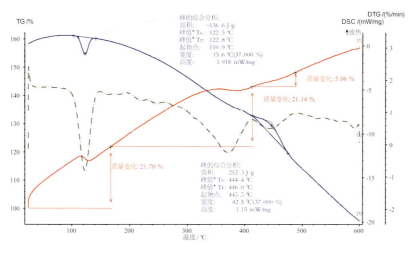

图 4.5　铜锈热重与热稳定性分析谱图

知，铜锈样品经历了吸热、放热的过程，同时伴随着三次明显的质量变化。样品在123.1℃左右出现一次失重，推测这是由于加热失去结晶水所致；从426.9℃～463.9℃之间有一次明显的吸热过程，并伴随质量的增加，推测该物质为N_2与碱土金属（Mg、Ca、Sr、Ba）在炽热的温度下作用：$3Ca + N_2 \longrightarrow Ca_3N_2$，用其他检测方法也检测出该样品含有Ca这种碱土金属元素；第二阶段后期，由于孔雀石（$Cu_2CO_3(OH)_2$）的分解放出H_2O和CO_2，导致质量变化趋势减缓；第三阶段表示孔雀石分解完毕，增重继续进行，直到设定温度为止都未停，说明该样品含有的碱土金属量可能比较多。

五　结　论

通过对兽首耳缶的三维激光扫描和对本体与铜锈进行的无损测试分析，得出以下结论：

(1)兽首耳缶整件器物的精确尺寸为：通高355.087mm、口径214.114mm、最大腹径391.440mm、两耳间距508.547mm。

(2)CT扫描结果表明：兽首耳缶无明显修复痕迹；器身由一次浇铸而成，然后与双耳铸接形成整个器物；存在孔洞、内部缺陷和裂缝；X射线下纹饰精美。

(3)兽首耳缶本体含铜74.6%、含锡19.27%、含铅6.13%，为高锡青铜。能铸造含锡量较高的青铜合金，说明其青铜技术已经发展到一定水平。

(4)锈蚀产物为蓝铜矿，所取样品中混合有大量来自埋藏环境中的石膏和石英，没有发现有害锈。

(5)基于上述分析，建议对兽首耳缶采取有效的清洁和除锈保护措施，文物库房保存或展出时一定要控制好保存环境，避免与氯化物、硫化物、氮氧化物等一些腐蚀性物质接触。

成都華通博物館
CHENGDU HATON MUSEUM

Chengdu Haton Museum Collections

Bronze Ware Volume

Hu with Interlaced Hydra Design
and Loop Handles

Warring States Period
(475 – 221B.C.)

成都华通博物馆文物精萃

青铜器卷

陆

蟠螭纹提链壶

战国

成都华通博物馆　编

图书在版编目（CIP）数据

成都华通博物馆文物精萃.青铜器卷/成都华通博
物馆编.—北京：文物出版社,2013.12
ISBN 978-7-5010-3901-2

Ⅰ.①成… Ⅱ.①成… Ⅲ.①博物馆－文物－成都市
－图集②青铜器（考古）－中国－古代－图集 Ⅳ.
① K872.711.2

中国版本图书馆 CIP 数据核字 (2013) 第 292391 号

成都华通博物馆文物精萃

青铜器卷

蟠螭纹提链壶

成都华通博物馆　编

责任编辑　李缙云　周艳明
责任印制　陆　联
装帧设计　李猛工作室

出版发行　文物出版社
地　　址　北京市东直门内北小街 2 号楼
邮　　编　100007
网　　址　http://www.wenwu.com
　　　　　E-mail:web@wenwu.com

制版印刷　北京方嘉彩色印刷有限责任公司
开　　本　889 毫米 ×1194 毫米　1/16
印　　张　13.25
版　　次　2013 年 12 月第 1 版
印　　次　2013 年 12 月第 1 次印刷
书　　号　ISBN 978-7-5010-3901-2
定　　价　320.00 元（全九册）

蟠 螭 纹 提 链 壶

Hu with Interlaced Hydra Design and Loop Handles

战国

Warring States Period

通高 39.8、提梁高 5.5、口径 12、腹径 20.5、底径 12 厘米

◉

器形高挑匀称，口较小而外侈，平沿，颈部细高而略有收
束，腹部圆鼓近球形，最大腹径位于腹中部，下腹圆弧内收
承接直立的矮圈足，器底内凹。壶盖呈圆弧形隆起，盖顶外
沿立对称环纽，纽侧面各垂一铜链，链顶端由一条拱形双首
龙衔环构成提梁。颈部饰三角纹，腹部饰蟠螭纹，盖顶饰圆
形花状纹饰及枝叶纹。

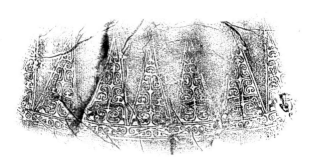

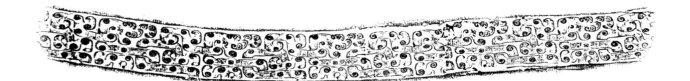

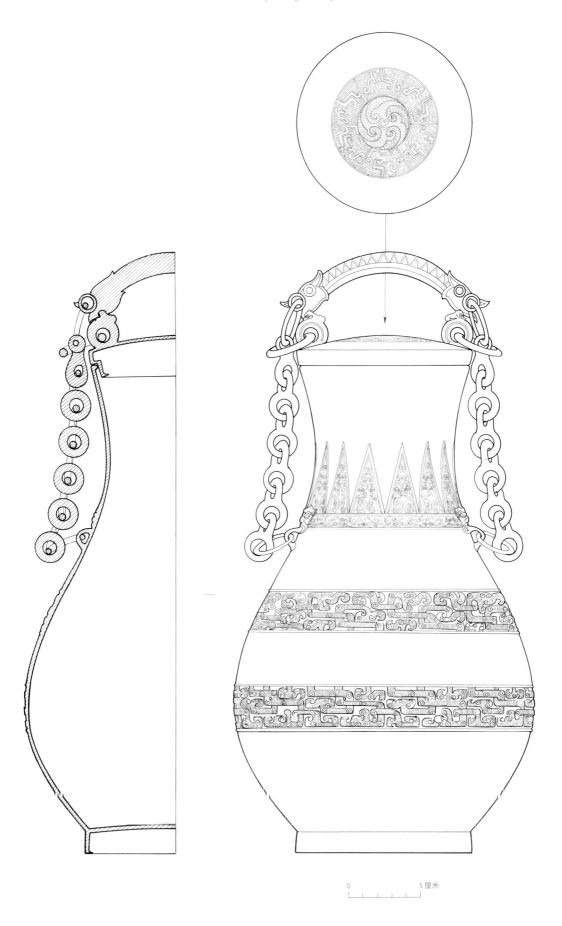

0   5厘米

蟠螭纹提链壶

唐凛然

蟠螭纹提链壶器形高挑匀称，精致秀美。壶口较小而外侈，平沿，颈部细高而略有收束，腹部圆鼓接近球形，最大腹径位于腹中部，下腹圆弧内收承接直立的矮圈足，器底内凹。壶盖呈圆弧形隆起，边缘转而垂直下折与壶口相合，盖顶外沿立有两个对称的环纽，环纽上部有一截突起。环纽侧面各垂一条铜链，并以铜环与环纽相接，每条铜链由6枚"8"字形构件套合而成。铜链顶端由一条拱形双首龙口衔铜环构成提梁，拱形龙身饰三角折线纹，龙首有角，长吻，龙口衔环与铜链相套合。铜链底部垂至铜壶颈部下端，并以衔环鼻纽与颈部连接。铜壶颈部依收束之形装饰直立的三角纹一周12组，三角纹上部填充变形的蕉叶状蝉纹，底部填充云雷纹。壶腹上部与中部各饰繁缛的蟠螭纹带一条，蟠螭纹的小龙交相缠绕，龙体内填以细密的云雷纹与螺旋纹。器盖顶部中央饰一组由花蒂与四片花瓣构成的圆形花状纹饰，其周围绕以一周5组朝向花心的枝叶纹。整器通高39.8、提梁高5.5、口径12、腹径20.5、底径12厘米（图一）。

此类铜壶的提梁依靠铜链与壶身相连，与一般提梁壶的提梁直接与壶身相连不同，故而称之为提链壶更为准确。提链壶在春秋晚期至战国的楚系墓葬中屡有发现，且无不造型修长典雅，纹饰精致细密，制作巧妙精良，在之前的考古文献中也有提到类似的提链壶。

淅川下寺M3出土的提链壶（M3:21）[1]，通高19、口径4.7、腹径7.3、腹深15、足高2厘米，重0.68公斤。有盖，方折沿，长颈，瘦腹，平底，底附三小兽足。此壶提链设计十分巧妙，主要用两根两端具有小圆环的直链和器盖相套，并固定于器颈的两环耳上，使器盖不致脱落。使用时，将盖顺直链上提，然后翻壶，便可倒出壶内物。用毕后，将盖再顺直链下移，便可盖上器口。壶盖上浮雕盘龙一组，壶身饰简化的蟠螭纹带五周及三角蝉纹一周。链环铜棒两端的两侧面饰兽面纹，三足铸作兽状（图二）。

荆门子陵岗出土的一件提链壶（M64:3）[2]，通高33.5、口径6.6、腹径16.6、圈足径11厘米

[1]　河南省文物研究所等：《淅川下寺春秋楚墓》，文物出版社，1991 年。

[2]　荆门市博物馆：《荆门子陵岗》，文物出版社，2008 年。

图一　蟠螭纹提链壶

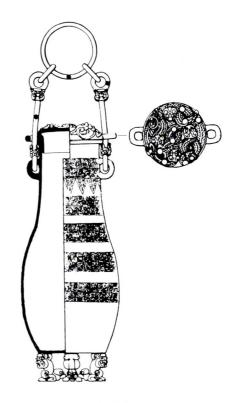

图二　淅川下寺 M3 出土提链壶

（图三）。盖与身由提链连接为一体，盖顶微隆，子口，边缘有两个衔环桥纽，环已残。器身微侈口，细颈较长而微内束，溜肩，圆腹，平底，圈足较矮而直，肩部两个兽面铺首衔环，下腹四个鼻纽衔环。提链由提梁和链条组合而成。提梁，扁体拱形，两端作龙首状，各有一个连体圆环。链条两组，每组三节。每节链呈"8"字形，中部呈算珠形，两端为套环。每组链条下端套合于肩部的圆环中，通过器盖上的圆环，上端套合于提梁一端的圆环中。铺首、鼻纽分铸合体。腹部有两条铸范凸棱。提梁两端刻划龙首，身部饰绹纹，盖顶纹饰模糊，颈部饰由卷云纹组成的三角形带纹，腹部饰四周蟠龙纹（图四），下腹鼻纽上端饰兽面纹，圈足上饰三角云纹和两周细线纹。肩、腹部带纹与蟠龙纹以及蟠龙纹之间分别有一周凹弦纹。

江陵雨台山M480出土的提链壶（M480:2）[3]，通高38.6、口径7.5、腹径16.8、圈足高3厘米。盖隆起，小口微敞，颈细长，最大颈在腹下部，高圈足微外侈。盖上饰蟠螭纹和变形云纹。盖边缘有两个对称的套环圆纽，纽上饰绹纹。肩部有两个对称的衔环铺首，每个环里由四个结绳状套链相连，穿过盖上的双环，中间与蛇形提梁相接。提梁上饰鳞片纹，套链上饰绹纹。腹下部有三个对称的衔环铺首，铺首均作变形饕餮面。腹、肩部遍饰三角云纹、横S形纹。全器制作精致（图五）。

---

[3]　湖北省荆州地区博物馆：《江陵雨台山楚墓》，文物出版社，1984年。

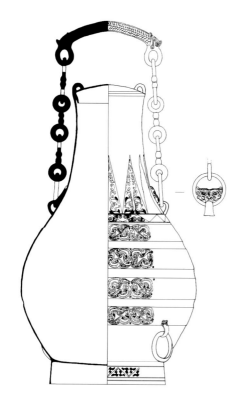

图三　荆门子陵岗出土提链壶（M64:3）　　　　　　图四　荆门子陵岗出土提链壶（M64:3）腹部纹饰拓片

　　另外，曾侯乙墓[4]、长沙烈士公园M3（图六）[5]、江陵马山M1（图七）[6]等墓皆出有此类铜壶。依据考古实物，其始作年代大致可推断于春秋晚期，其早期形态（春秋晚期至战国早期）甚为瘦高，壶颈细长，壶腹作竖纺锤形，腹径较小；其后，长颈稍有变矮变粗之势，壶腹则渐趋于球形，腹径相应增大。雨台山M480、马山M1提链壶在壶身比例及提梁形制上与蟠螭纹提链壶甚为相似，唯下腹增饰三个套环鼻纽，此二墓时代属战国晚期前段。烈士公园M3提链壶形制与蟠螭纹提链壶亦较为接近，但颈部相对更为修长，腹径相对较小，其壶身比例尚略有早期形态瘦长的遗风，与该墓战国中期的时代大致相符。据上述几例综合而言，蟠螭纹提链壶与雨台山M480、马山M1提链壶形制最相近，可大致将其定为战国晚期前段的楚式器物。

　　当然，中原地区战国时期亦偶见类似提链壶，但器形远不及楚式壶瘦长，颈部较为粗短，壶腹较为矮胖，提链及器表纹饰的精致程度亦与楚式壶相差甚远，两系铜壶相比较可谓大异其趣。这也正符合了楚系青铜器区别于中原的纤丽清秀的整体风格，也是与楚地山清水秀的自然条件及楚人的审美情趣密不可分的。

[4]　湖北省博物馆：《曾侯乙墓》，文物出版社，1989年。

[5]　刘彬徽：《楚系青铜器研究》，第179页，湖北教育出版社，1995年。

[6]　湖北省荆州地区博物馆：《江陵马山一号楚墓》，文物出版社，1985年。

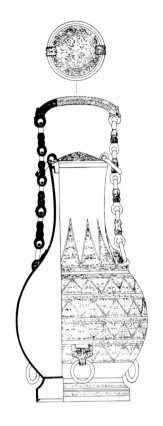

图五　江陵雨台山 M480 出土的提链壶　　　　图六　长沙烈士公园 M3 出土的提链壶　　　　图七　马山 M1 出土的提链壶

　　另外，蟠螭纹提链壶的提梁亦有值得留意之处。商代甲骨卜辞中有"虹"字作形（《甲骨文合集》10405反），似双首龙饮水之状，其龙口及龙角形制与此壶提梁尤为相似。卜辞记载："有出虹自北饮于河。"此是将虹这一现象视作极为神异的征象，其所像的双首龙亦当为神异之兽。周代铜器纹饰中双首龙亦为常见的题材，可见双首龙的造型具有独特的宗教含义。其作为提梁基本只见于春秋晚期至战国的镳与提链壶这两类具备提梁的礼器，且多见于楚地器物。楚地处于长江流域，气候湿润多雨，虹相对更为常见，因而双首龙对于楚人或许具有更独特的神性而更受青睐，以之作为礼器的提梁造型，除了浑然天成的奇巧构思之外，更具备了深层的文化含义。

蟠螭纹提链壶检测分析

蟠螭纹提链壶铸造工艺如环钮与盖顶的连接方式、龙口衔环的铸造方法、器物基体的元素组成以及表面形成的锈蚀产物的成分组成，这些均不能用肉眼观察出来，因此我们利用本中心配备的一些精密仪器对其进行了一系列无损测试，以上问题均得出了满意的分析结果。检测分析内容主要有：

一、利用高精度计算机断层扫描系统获得层析图像，了解器物铸造工艺、表面细微缺陷、内部结构情况等。

二、元素组成测试研究。利用实验室配备的大样品室能量色散型X射线荧光光谱仪，在对样品丝毫无损的条件下，对器物的主量元素进行定性、半定量分析。

三、分析青铜器上锈蚀产物的组成成分，了解该器物是否已受到有害锈的侵蚀。

一　工业计算机断层扫描

工业计算机断层扫描（ICT，Industrial Computerized Tomography）是进行无损检测和探伤的先进仪器，因其可以准确地再现物体内部的三维立体结构、各部位尺寸、内部杂质缺陷位置及分布等，对于古代青铜器物的研究是非常好的一种技术手段。通过计算机断层扫描，可以反映出不同材质文物的保存情况、铸造工艺等。

1.1 实验方法

依据GJB 5312-2004《工业射线层析成像(CT)检测》，将蟠螭纹提链壶固定于旋转台上进行数字照相(DR)和扇束扫描(CT)，对切片数据用软件VGStudio MAX2.1进行图像处理。

1.2 结果与讨论

蟠螭纹提链壶的CT图谱见图1.1～1.8。

利用工业计算机断层扫描技术对蟠螭纹提链壶进行层析成像，获取数字照相图和扇束扫描图。从图1.1～1.5中可以看出：该壶颈部有一道明显的裂纹，腹下至底部有一处狭长的修复痕迹；而器物内部也存在细小孔洞和裂缝，可能是由于当时铸造过程中存在的缺陷所致。观察

图 1.1　蟠螭纹提链壶颈部数字照相图

图 1.2　蟠螭纹提链壶扇束扫描图

图 1.3　蟠螭纹提链壶修复痕迹扫描图

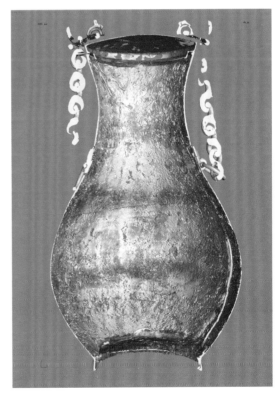

图 1.4　蟠螭纹提链壶纵剖面图

图1.5　蟠螭纹提链壶纵剖面图（局部）

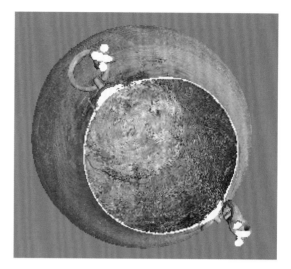

图1.6　蟠螭纹提链壶横剖面图（颈部）

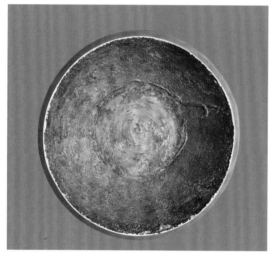

图1.7　蟠螭纹提链壶横剖面图（腹部）

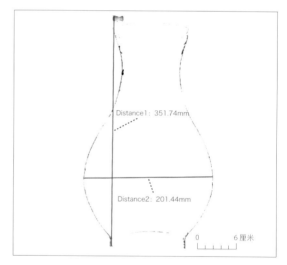

图1.8　蟠螭纹提链壶尺寸分析图

这件器物的数字照相图和断层扫描图（图1.1、1.4、1.6），发现铺首与器壁之间有明显的断裂带，推测可能进行过补接或修复。器物通高为351.74mm、腹径201.44mm。

二　本体能谱定性分析

选取蟠螭纹提链壶的六个部位进行了能谱检测分析，获得相应检测点的元素组成及含量，分析数据见表1。

从提梁、盖沿、颈、铜链、腹、足这些具有代表性的部位对蟠螭纹提链壶的元素组成及含量进行了分析，如表1蟠螭纹提链壶本体元素组成（wt%），从中可以得出：该提链壶主要由铜（Cu）、铅（Pb）、锡（Sn）组成，各自平均含量为73.88%、16.26%、9.86%（图2.1）。提梁与足部的含铅量较其他部位稍低，而盖沿部位含锡量较低。

表1　蟠螭纹提链壶本体元素组成(wt%)

检测点序号	检测部位	元素含量		
		Cu(铜)	Pb(铅)	Sn(锡)
1	提梁	83.26	8.49	8.14
2		80.47	10.53	9.00
3		73.81	15.39	10.80
4		83.35	7.84	8.81
5		84.79	7.87	7.34
6	盖沿	71.43	24.40	4.18
7		71.97	24.03	4.00
8		57.13	39.45	3.42
9		74.63	19.34	6.02
10		73.97	19.33	6.71
11	颈	65.97	22.21	11.82
12		68.79	19.57	11.64
13		69.21	19.57	11.22
14		72.69	15.63	11.68
15		71.68	17.18	11.13
16	铜链	77.67	13.43	8.90
17		77.83	13.14	9.03
18		77.76	12.88	9.36
19		73.62	14.74	11.64
20		78.14	13.21	8.66
21	腹	50.44	33.25	16.31
22		67.76	20.97	11.26
23		70.65	18.10	11.24
24		70.15	19.46	10.39
25		70.25	18.75	11.00
26	足	78.54	7.64	13.82
27		77.18	7.73	15.09
28		84.70	10.63	4.67
29		78.31	6.11	15.58
30		80.21	6.97	12.82

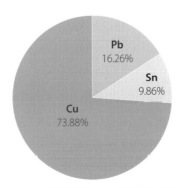

图2.1　蟠螭纹提链壶木休元素成分含量

三　锈蚀产物成分分析

3.1 能谱定性分析

从蟠螭纹提链壶提链部取少量铜锈进行检测，结果见表2和图3.1。

表2　锈蚀产物能谱定性分析结果

样本名称	元素含量 (%)				
	Cu(铜)	Sn(锡)	Fe(铁)	Pb(铅)	Si(硅)
蟠螭纹提链壶锈蚀物	45.62	5.49	1.37	1.59	45.94

结果表明：锈蚀产物中没有氯化物，采样部位未产生有害锈，而元素种类除含有本体元素Cu、Sn、Pb外，Fe和Si可能来源于器表附着物。

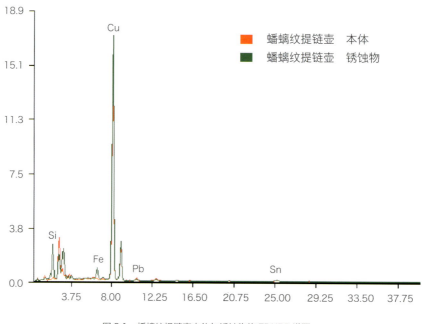

图 3.1　蟠螭纹提链壶本体与锈蚀物的 EDXRF 谱图

铜锈与本体相比，铜锈产物中铜的含量下降，这可能是因为铜在腐蚀过程中产生的金属离子在土壤电解液的作用下向表面迁移，部分铜离子与土壤中的腐蚀因素如腐植酸作用生成稳定的络合物，使部分铜从青铜器表面流失。

3.2 物相组成定性分析

3.2.1 实验方法

研磨锈蚀样品，将粉末填入长20mm× 宽20mm×深0.5mm的玻璃样品槽内。通过多晶X射线衍射仪检测和解谱软件分析，对照标准衍射卡片，其XRD谱图如图3.2。

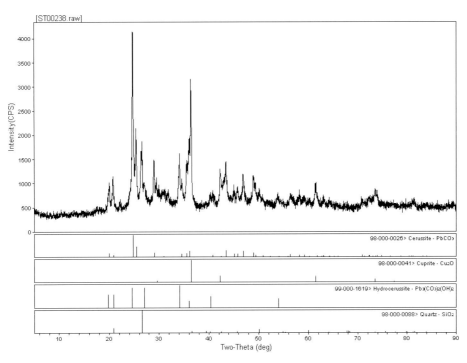

图 3.2　蟠螭纹提链壶铜锈 XRD 图谱

3.2.2 结果及讨论

从蟠螭纹提链壶铜锈XRD衍射图谱中可以看出：表面铜锈主要成分是赤铜矿(Cu_2O)、白铅矿($PbCO_3$)、水白铅矿（$Pb_3(CO_3)_2(OH)_2$）、石英(SiO_2)。由于青铜器主要成分为铜、锡、铅，因此生成铅的碳酸类也较常见，如白铅矿和水白铅矿。而SiO_2则可能为粘附于器物上的土壤成分。研究表明，古青铜器物暴露于环境中首先与氧气作用：

$$4Cu+O_2 \Longrightarrow 2Cu_2O$$

$$2Cu+O_2 \Longrightarrow 2CuO$$

两种氧化途径中，第一种路径更易发生，第二种路径生成的CuO在一定条件下，可再次氧化成比较稳定的Cu_2O。

而铅在青铜器中往往以球状或颗粒状等形态沿枝晶分布，以孤立相存在，不与铜锡结成固溶体。当青铜器埋于地下后，由于环境中的O_2、CO_2、H_2O以及硫酸盐、微生物、细菌等的作用，孤立的铅较容易被腐蚀，从而使器物表面呈现含铅锈蚀产物，铅的锈蚀化学方程式如下：

$$2Pb+O_2 \Longrightarrow 2PbO$$

$$PbO+CO_2 \Longrightarrow PbCO_3$$

锈蚀产物中没有氯化物存在，取样部位尚未遭到有害锈侵害。

四　结　论

通过对蟠螭纹提链壶的CT扫描、铜锈样品的无损测试分析，得出以下结论：

(1)CT扫描结果表明：蟠螭纹提链壶颈部、腹下均有明显修复痕迹；环纽与器身分铸。

(2)蟠螭纹提链壶为铜、锡、铅铸造而成的三元合金青铜器。

(3)锈蚀产物主要是赤铜矿、白铅矿、水白铅矿、石英，尚没有发现有害锈。

(4)基于上述分析，建议对蟠螭纹提链壶进行锈蚀保护时，可用机械方法去除表面附着的残留杂质及松软锈蚀。文物库房保存或展出时一定要控制好保存环境，避免与氯化物、硫化物、氮氧化物等一些腐蚀性物质接触。

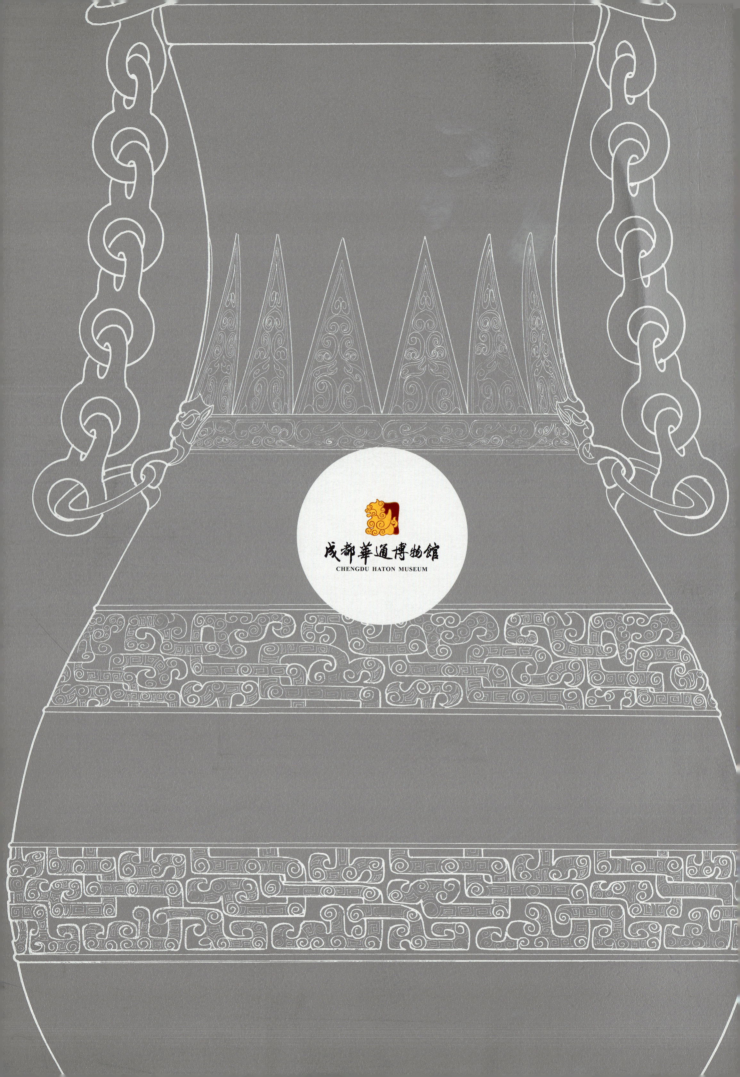

成都華通博物館
CHENGDU HATON MUSEUM

Chengdu Haton Museum Collections

Bronze Ware Volume

Bronze Drum with Four Frogs
Squatting on the Rim

Han Dynasty
(206 B.C. – A.D.220)

成都华通博物馆文物精萃

青铜器卷

玖

蹲蛙铜鼓 汉

成都华通博物馆　编

图书在版编目（CIP）数据

成都华通博物馆文物精萃.青铜器卷/成都华通博
物馆编.—北京：文物出版社,2013.12
ISBN 978-7-5010-3901-2

Ⅰ.①成… Ⅱ.①成… Ⅲ.①博物馆－文物－成都市
－图集②青铜器（考古）－中国－古代－图集 Ⅳ.
① K872.711.2

中国版本图书馆 CIP 数据核字 (2013) 第 292391 号

成都华通博物馆文物精萃

青铜器卷

蹲蛙铜鼓

成都华通博物馆　编

责任编辑　李缙云　周艳明
责任印制　陆　联
装帧设计　李猛工作室

出版发行　文物出版社
地　　址　北京市东直门内北小街 2 号楼
邮　　编　100007
网　　址　http://www.wenwu.com
　　　　　E-mail:web@wenwu.com

制版印刷　北京方嘉彩色印刷有限责任公司
开　　本　889 毫米 ×1194 毫米　1/16
印　　张　13.25
版　　次　2013 年 12 月第 1 版
印　　次　2013 年 12 月第 1 次印刷
书　　号　ISBN 978-7-5010-3901-2
定　　价　320.00 元（全九册）

蹲 蛙 铜 鼓

Bronze Drum with Four Frogs Squatting on the Rim

汉代

Han Dynasty

通高 46.5、鼓面径 61.5 厘米

鼓分为胴、腰、足三部分，鼓面微出沿，胴部膨出，径大于鼓面，束腰，腰曲明显，腰下折曲为足，足外撇。胴腰结合处有两对宽大扁耳，耳中部有开孔。鼓面有四只蹲蛙，蛙身饰弦纹，双目圆突。鼓面中心有浅浮雕光体共12芒，外有晕圈。鼓身上下带状饰有几何纹、卷草纹，间以晕圈弦纹，足部饰三角形纹带。

蹲蛙铜鼓

Bronze Drum with Four Frogs Squatting on the Rim

蹲蛙铜鼓

Bronze Drum with Four Frogs Squatting on the Rim

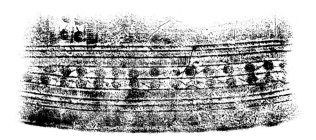

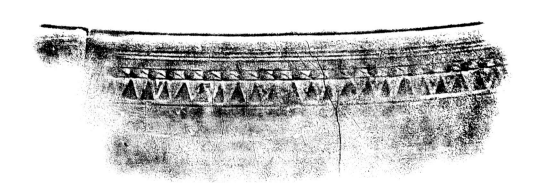

0   10厘米

蹲蛙铜鼓

童蕾旭　谭　丽

　　铜鼓是一种极具特色的击奏乐器。目前已发现的最早的为湖北崇阳汪家嘴出土的商代铜鼓[1]，但究其形制，与当时的革类鼓相差不大，与后世流行的铜鼓属于不同的范畴。铜鼓并非单纯意义上的铜制的鼓，而特指的是南方铜鼓，属于具有少数民族特色的乐器，主要在中国南方少数民族地区流行，并在越南、缅甸、老挝、柬埔寨等东南亚地区有发现。

　　中国境内传世和出土的铜鼓一共有1400多面，集中分布于中国南部地区，如云南、贵州、广东、广西、四川、湖南等省，其中以广西发现的铜鼓数量最多，在500面以上。铜鼓的铸造和使用历史悠久，大约萌芽于春秋早期，战国时得到发展，盛行于汉代，之后一直延续到清代中期。史书关于铜鼓的记载资料也极为丰富。《后汉书·马援传》："（马援）于交阯得骆越铜鼓。"[2]此为目前所见最早的记载。早在18世纪，西方人已开始认识铜鼓。20世纪初，奥地利人黑格尔开始了系统的研究，中国也有学者做了专门的论述。解放后到20世纪七八十年代，随着铜鼓考古资料的丰富，国内掀起了探讨和研究铜鼓的热潮，不少学者根据出土资料和馆藏铜鼓对其进行了类型、断代、起源、族属、制作工艺等多方位的研究。

　　这件铜鼓体形较高大，通高46.5、鼓面径61.5厘米（图一）。分为胴、腰、足三个部分，鼓面微出沿，胴部膨出，径大于鼓面，束腰，腰曲明显，腰下折曲为足，足外撇。鼓胴腰结合处有两对宽大扁耳，扁耳中部有开孔。铜鼓纹饰较为丰富。鼓面逆时针立有4只蹲蛙，蛙身有弦纹，双目圆突，空身扁腹；鼓面中心有浅浮雕光体共12芒，外有晕圈。鼓身上下带状饰有几何纹、卷草纹，间以晕圈弦纹。足部饰三角形纹带。根据其器形和纹饰特征，与李伟卿分类中的

---

[1] 曾昭岷、李瑾：《湖北崇阳出土殷代铜鼓考略》，《武汉师院》1977 年 z1 期。

[2] ［宋］范晔撰、［唐］李贤等注：《后汉书·马援传》，第 840 页，中华书局，1965 年。

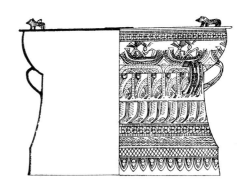

图一　蹲蛙铜鼓　　　　　　　　　　　　　　　　图二　陆良小西营出土铜鼓

Ⅰ型c式（图二）相似，但纹饰图案化较高，时代大致为汉代偏晚[3]。

通常铜鼓的装饰主要分布于鼓面和鼓身，鼓面中心位置略微隆起，为圆形"光体"；光体四周一般有向外辐射的光芒，简称"芒"。光体和光芒合起来称为"太阳纹"，构成了鼓面装饰中最重要最醒目的图案。早期铜鼓上的太阳纹只是一个圆形光体，四周无光芒，随着铜鼓的演变发展，圆形光体周围出现了光芒，最多的有22芒。12芒的太阳纹较为普遍，且多数的芒都较短，芒与光体有明显的界限区分，大部分的光体凸起，略高于鼓面。此鼓的鼓面装饰则为典型的12芒太阳纹。鼓面上的立体蹲蛙是该铜鼓最具特征性的装饰，逆时针分布于鼓面边沿部位的蹲蛙，作等距离旋转布置，形象逼真。鼓面出现蹲蛙，最早出现于广西的铜鼓中，数量多为4只，后来发展为6只或累蹲蛙等。

铜鼓在这些少数民族地区一直扮演着十分重要的角色。关于铜鼓的功能，自来有多种看法，以史料记载和出土材料分析，结合民族学资料，其主要用于祭祀、战争和宴会等多种场合，作为乐器外，还是权力和财富的象征。除此以外，也可用于贮贝、朝贡、婚姻、报时、丧葬等。

在西南少数民族地区，铜鼓常用在祭祀场合。晋宁石寨山墓群出土了19面铜鼓，而同时出土的贮贝器上铸有多种祭祀活动场景，或为杀人祭鼓，或为祈年歌舞，或为聚会等。其中12号墓出土的杀人祭铜柱铜贮贝器（M12:26）盖上，干栏式房屋平台上陈列有16面小型铜鼓，楼下人中有1人执锤击鼓，屋前则有2面大铜鼓（图三:1、2）[4]。类似的还有杀人祭铜鼓场面盖铜贮

[3]　在类型划分时因标准和符号不同，有学者作了不同的分析和排列，李衍垣以典型出土地进行型式命名，将此类鼓归
　　　为石寨山型冷水冲式。此类型铜鼓主要出土于广西，云南．四川散见，在广西．云南等汉代至南朝的墓葬中有出土。
　　　a.李伟卿：《中国南方铜鼓的分类和断代》，《考古》1979年第1期，b.李衍垣：《试论我国铜鼓的类型及演变》，
　　　《民族研究》1981年第1期；c.张关根等：《故宫博物院藏铜鼓的类型与时代》，《故宫博物院院刊》2001年第2期。
[4]　云南省博物馆：《云南晋宁石寨山古墓群发掘报告》，第75～76页，图版五二～五五，文物出版社，1959年；易学钟：
　　　《晋宁石寨山12号墓贮贝器上人物雕像考释》，《考古学报》1987年第4期。

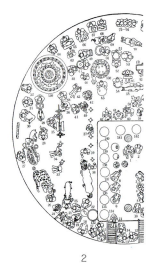

图三　晋宁石寨山出土贮贝器盖铜鼓祭祀场面

1. 杀人祭铜鼓场面盖铜贮贝器（M12:26）
2. 铜贮贝器（M12:26）盖顶塑像平面图（局部）

贝器（M20:1），盖中央铸有大小三铜鼓重叠[5]。铜鼓作为这些场合的重要器具，或为敲击，或以陈列，或以祭祀。这些展现祭祀场景的器物和乐器出土于西汉早中期墓葬中，反映了当时铜鼓在各种祭祀活动中的重要作用，是作为一种权威的象征，这种象征不仅仅是权力的权威，可能还代表着巫术神力的权威，反映了当时西南少数民族的宗教信仰和社会经济状况。当时这些地区生产力较为低下，奉行巫术，甚至使用铜鼓祭祀以祈求治病，

"病疾无医药，但击铜鼓、铜沙锣以祀神"[6]，"邛、雅之夷僚，……俗信妖巫，击铜鼓以祈祷"[7]。而陈设使用的铜鼓，则不再单纯是击奏的乐器，而是上升到"礼"的高度。

除祭祀外，铜鼓还用于召集族众，或鼓舞士气，用于战争、宴会等场合。铸铜鼓后，常召集同族以庆贺[8]，而遇到对战时，"欲相攻则鸣此鼓，到者如云"。而在族众中，"倒老"[9]使用铜鼓召集指挥族众，铜鼓具有特殊的号召力，代表其在族中的权力和地位。

作为乐器，铜鼓主要以击奏的方式参与各类活动，击鼓载舞以庆贺，或祈年禳灾。史料和诗歌中也多有记载，铜鼓赛神，合"蛮歌"，"宴聚则击铜鼓，吹大角，歌舞以为乐"[10]。隋炀帝时定礼乐，有《天竺》篇，铜鼓为乐器之一，与凤首箜篌、琵琶、五弦、笛、毛员鼓、都昙鼓、铜拔、贝等列为一部[11]。唐代亦属于宫廷乐舞之一。

铜鼓赛神，实际上也是一种宗教仪式。古代受生产力水平和信仰的约束，铜鼓多用作祭

[5] 同[4]《云南晋宁石寨山古墓群发掘报告》，第76～77页，图版五六～五七。

[6] 《宋史·蛮夷》有关于西南诸夷击铜鼓祀神以治病的记载，并称该风俗与东谢蛮同。又有记载："雍熙元年，黔南言溪峒夷僚疾病，击铜鼓、沙锣以祀神鬼，诏释其铜禁。"参见〔元〕脱脱等撰：《宋史·蛮夷》，第14223、14174页，中华书局，1985年。

[7] 〔宋〕乐史撰：《太平寰宇记·剑南西道》，第1551页，中华书局，2007年。

[8] 《后汉书·马援传》中李贤注引〔晋〕裴渊《广州记》曰："俚僚铸铜为鼓，鼓唯高大为贵，面阔丈余。初成，悬于庭，克晨置酒，招致同类，来者盈门。豪富子女以金银为大钗，执以叩鼓，叩竟，留遗主人也。"参见《后汉书·马援传》，第841页。

[9] 《隋书·地理志》载岭南俚僚之地习俗："有鼓者号为'都老'，群情推服。本之旧事，尉陀于汉，自称'蛮夷大酋长、老夫臣'，故俚人犹呼其所尊为'倒老'也。言讹，故又称'都老'云。"参见〔唐〕魏征、令狐德棻撰：《隋书·地理志》，第888页，中华书局，1973年。

[10] 〔后晋〕刘昫等撰：《旧唐书·东谢蛮》，第5274页，中华书局，1975年。

[11] 〔唐〕魏征、令狐德棻撰：《隋书·音乐志》，第379页，中华书局，1973年。

祀，如早期祭祀还有杀人祭鼓等血腥场面，随着时代变迁，祭祀和铜鼓歌舞发生了变化，主要用于集会宴会、祈年禳灾等庄重或喜庆的场合。广西、贵州等地一些少数民族到今天仍旧保留了铜鼓舞这一传统，但使用的基本上都是古代留传下来的鼓[12]。然而古代铜鼓的使用，无论是用于祭祀、陈列，或是战争、宴会，都有着特殊的含义，它代表了财富、等级、权威和权力，如同钟、鼓之类的青铜礼器一样，被赋予了象征意义。

铜鼓是财富的象征。在墓葬出土的铜鼓中，铜鼓数量和体积与财富和地位有关。铸铜鼓以显贵，鼓铸成后则会宴请亲友以庆贺，而铜鼓也并非任何人都有能力拥有，"岭南豪家则有之，大者广丈余"[13]。而对有功者，赏赐以铜鼓[14]，史料关于军队南征后获得大量宝物的记载，其中就有铜鼓。南朝梁和陈便多次南征，将铜鼓与奴隶、珍奇异宝一同作为战利品，或献给朝廷或赏赐与有功之臣[15]。而古代这些使用铜鼓的少数民族纳贡的物品中，也常有铜鼓。《宋史·蛮夷》载："（乾德）四年，南州进铜鼓内附，下溪州刺史田思迁亦以铜鼓、虎皮、麝脐来贡。"关于南丹州蛮的记载中，有："淳化元年，洪燕卒，其弟洪皓袭称刺史，遣其子淮通来贡银碗二十，铜鼓三面，铜印一钮，旗一帖，绣真珠红罗襦一。"又有："（大中祥符）七年正月，其酋斗望三路分众来斗，又为官军大败，射杀数百人，溺江水死者莫计。夷人震詟，诣军首服，纳牛羊、铜鼓、器械，珹等依诏抚谕。"[16]

目前发现铜鼓的地区，与文献所记载的"岭南"、"黔西南"、"骆越"等基本一致，在当时活动的少数民族与文献所提及的"骆（雒）"、"俚"、"僚"等有关，如"骆越"、"广州夷人"、"夷獠"、"岭南俚人"、"川洞"、"东谢蛮"等。童恩正在对早期铜鼓进行研究时，对考古发现的墓葬和少数民族文化进行了分析，认为铜鼓最早可能为滇东高原西部濮僚系统的民族所使用。在流传使用过程中，铜鼓的使用者并非属于一族，而是在多个南方少数民族中存在，铜鼓的族属可能与"西南蛮"、"南蛮"中的"濮僚"、"夷獠"、"雒"有关[17]。其他有关铜鼓使用者族属问题，也大致脱离不了骆越和濮僚系统的范畴。

铜鼓是古代南方少数民族智慧的结晶，也是我国少数民族的文化瑰宝。它不仅具有很强的实用性，还兼具历史、艺术和科学价值。通过对古代铜鼓的探讨，我们可以了解当时的民族文化和宗教信仰，穿越历史的长河，追寻和探索那段历史时期先民们的社会经济生活和精神生活。

[12] 广西壮族还保留有铜鼓舞的传统，但铜鼓的铸造在清中期后基本消失。吴伟峰：《壮族民间铜鼓铸造技术考察与研究》，《广西民族研究》2008 年第 1 期。

[13] ［后晋］刘昫等撰：《旧唐书·音乐志》，第 1078 页，中华书局，1975 年。

[14] 《旧唐书·东谢蛮》载："谒见贵人，皆执鞭而拜；有功劳者，以牛马铜鼓赏之。……宴聚则击铜鼓，吹大角，歌舞以为乐。"参见《旧唐书·东谢蛮》，第 5274 页。

[15] 《陈书·欧阳頠传》."南征夷獠，擒ών文彻，所获不可胜计，献大铜鼓，累代所无，頠预其功。"参见 ［唐］姚思廉撰：《陈书·欧阳頠传》，第 157 页，中华书局，1972 年。

[16] 参见《宋史·蛮夷》，第 14173、14199、14228 页。

[17] 童恩正：《试论早期铜鼓》，《考古学报》1983 年第 3 期。

蹲蛙铜鼓检测分析

为了细致了解蹲蛙铜鼓，对其进行了层析成像和表面锈蚀物的检测分析，以了解器物铸造工艺、表面缺陷、裂纹及锈蚀情况等，具体项目如表1。

表1　蹲蛙铜鼓分析检测项目

编号	检测项目	样品来源	检测目的	仪器
1	工业计算机断层扫描	整体	计算机层析成像	高精度计算机断层扫描系统
2	物相组成定性分析	锈蚀产物	物相分析	X射线衍射仪

一　工业计算机断层扫描

蹲蛙铜鼓体形大，手工测量通高465mm、鼓面径615mm，CT的整体扫描难度大，仅对其进行局部断层扫描，截图见图1.1～1.4。

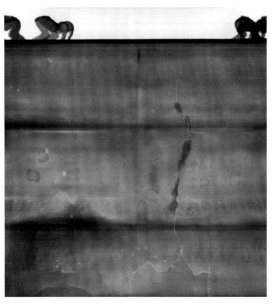 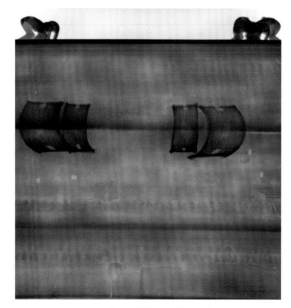

图1.1　蹲蛙铜鼓数字照相图（0°）　　　　　图1.2　蹲蛙铜鼓数字照相图（90°）

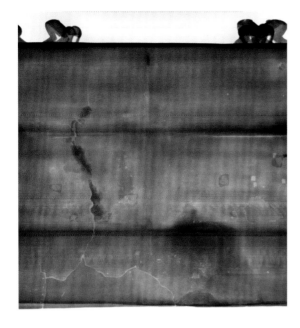 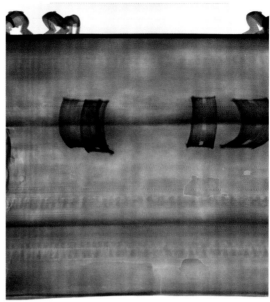

图 1.3　蹲蛙铜鼓数字照相图 (180°)　　　　　　　图 1.4　蹲蛙铜鼓数字照相图 (270°)

　　此铜鼓的体积相对较大，利用工业计算机断层扫描技术只能在不同的旋转角度下对其层析成像，获取数字照相图（图1.1～1.4）。图1.1与图1.3、图1.2与图1.4分别为前后、左右两个对应面的影像重叠，由于其角度选择不太精准，加之与X射线的发射点距离不同，因而不完全是镜像面，图像有所不同。从扫描图中可以清晰观察到铜鼓束腰和足部均有多处不规则裂纹和修复痕迹。在X射线下，表面的纹饰依然完好，清晰可见。

二　器物锈蚀产物分析

2.1 实验方法

　　研磨所取的锈蚀样品，并填入长20mm×宽 20mm×深0.5mm的玻璃样品槽内用背压法制样。运用多晶x射线衍射仪进行检测，使用解谱软件和标准衍射卡片对照解谱。

　　当次测试条件：阳极靶为Cu， 测试电压和电流分别为40kV和30mA，扫描角度范围（2θ）为5°～90°，扫描速率为4°/min，其XRD谱图如图2.1。

2.2 结果与讨论

　　蹲蛙铜鼓锈蚀产物组成主要有蓝铜矿（蓝色， $Cu_3(CO_3)_2(OH)_2$，晶胞原子空间排布如图2.2）、水胆矾（绿色，$Cu_4SO_4(OH)_6$）和石英（SiO_2，晶胞原子空间排布如图2.3）。碱式碳酸铜（$Cu_2CO_3(OH)_2$）是出土青铜器上丰度最大的腐蚀产物之一，是土壤中的可溶性碳酸盐或空

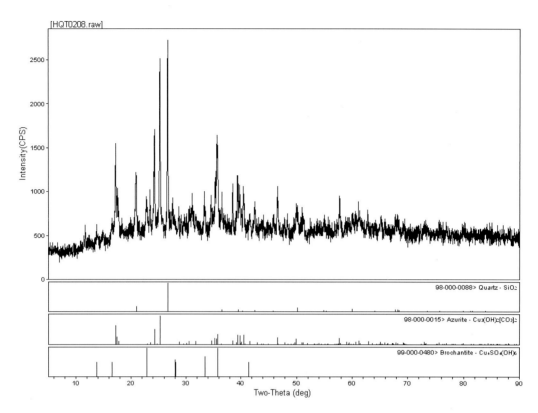

图 2.1　蹲蛙铜鼓锈蚀产物 XRD 衍射图谱

气中的[CO]与青铜器表面作用的结果。在干燥条件下常生成孔雀石（$Cu_2CO_3(OH)_2$），在潮湿环境中常生成蓝铜矿（$Cu_3(CO_3)_2(OH)_2$），后者易向前者转化，但前者难向后者转化。衍射分析显示本馆藏蹲蛙铜鼓锈蚀产物含有蓝铜矿，可以推断出蹲蛙铜鼓以往或者现在所处的环境相对潮湿。有研究表明，其锈蚀反应机理为：

$$4Cu+O_2 \rightleftharpoons 2Cu_2O$$

$$6Cu_2O+8CO_2+4H_2O+3O_2 \rightleftharpoons 4Cu_3(CO_3)_2(OH)_2$$

即古青铜器暴露于环境中首先与氧气作用生成Cu_2O，当埋藏环境中的H_2O、CO_2进一步腐蚀青铜器则生成一层锈蚀物绿铜矿或蓝铜矿。

蹲蛙铜鼓锈蚀产物中检测出的胆矾，是一种硫酸盐类的锈蚀产物，推测是青铜器与空气中的SO_2或土壤中的硫酸根离子在潮湿情况下作用的结果。

蓝铜矿（$Cu_3(CO_3)_2(OH)_2$）和碱式硫酸铜（$Cu_4SO_4(OH)_6$）主要是由于青铜器长期暴露在空气中，与大气中的[CO]、[OH]、[SO]、[HS]等接触而形成的器物的一层保护膜，可以防止金属继续氧化腐蚀，对器物起到一定的保护作用。

图 2.2　$Cu_3(CO_3)_2(OH)_2$ 的原子排布图

图 2.3　SiO_2 的原子排布图

三　结　论

通过对蹲蛙铜鼓的计算机断层扫描和对其锈蚀产物的检测分析，得出以下结论：

(1)蹲蛙铜鼓束腰和足部有多处修复痕迹及裂痕。

(2)蹲蛙铜鼓表面锈蚀产物的主要成分是蓝铜矿、水胆矾和石英。其中表面的蓝铜矿和水胆矾形成器物的一层保护膜，可以防止金属继续氧化腐蚀。

成都華通博物館
CHENGDU HATON MUSEUM

Chengdu Haton Museum Collections

Bronze Ware Volume

Chunyu with
a Tiger-shaped Knob

Warring States Period
(475 – 221B.C.)

成都华通博物馆文物精萃

青铜器卷

捌

虎纽錞于 战国

成都华通博物馆 编

图书在版编目（CIP）数据

成都华通博物馆文物精萃 . 青铜器卷 / 成都华通博
物馆编 . —北京：文物出版社，2013.12
ISBN 978-7-5010-3901-2

Ⅰ . ①成… Ⅱ . ①成… Ⅲ . ①博物馆－文物－成都市
－图集②青铜器（考古）－中国－古代－图集 Ⅳ .
① K872.711.2

中国版本图书馆 CIP 数据核字 (2013) 第 292391 号

成都华通博物馆文物精萃

青铜器卷

虎纽錞于

成都华通博物馆　编

责任编辑　李缙云　周艳明
责任印制　陆　联
装帧设计　李猛工作室

出版发行　文物出版社
地　　址　北京市东直门内北小街 2 号楼
邮　　编　100007
网　　址　http://www.wenwu.com
　　　　　E-mail:web@wenwu.com

制版印刷　北京方嘉彩色印刷有限责任公司
开　　本　889 毫米 ×1194 毫米　1/16
印　　张　13.25
版　　次　2013 年 12 月第 1 版
印　　次　2013 年 12 月第 1 次印刷
书　　号　ISBN 978-7-5010-3901-2
定　　价　320.00 元（全九册）

虎 纽 錞 于

Chunyu with a Tiger-shaped Knob

战国

Warring States Period

通高 42.5、腰径 24、口径 17 厘米

◉

腔体较高，盘外侈，鼓肩，自肩向下急收，腰部呈筒状，底为平口。盘素面，虎纽。

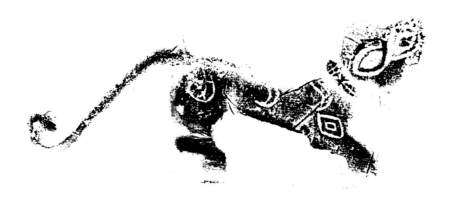

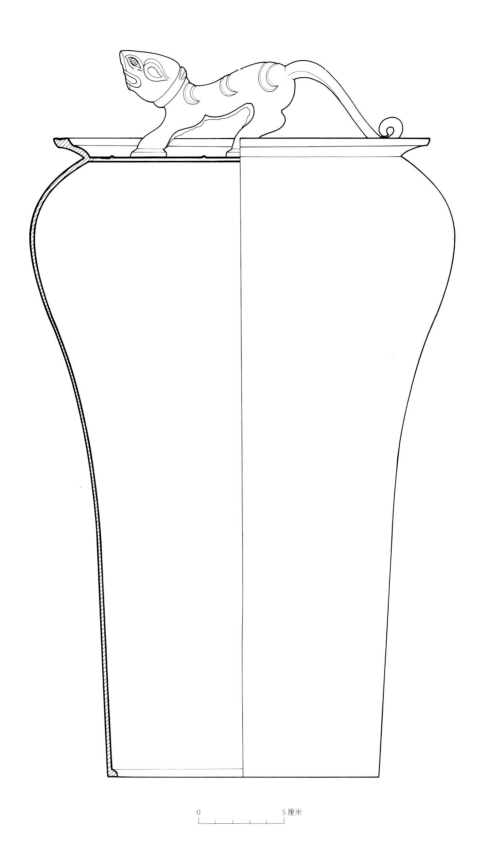

0   5厘米

虎纽錞于

童蕾旭　谭　丽

錞于，又称"錞"、"金錞"等，是一种极具地域性和时代性的青铜乐器。从考古发现看，其最早出现于春秋时期，盛行于战国至两汉，多出土于长江流域和华南、西南地区，如贵州、云南、重庆、湖北、湖南等地，山东和陕西也有少量发现。

錞于自上而下分为顶部、钲部、鼓部三部分，从上到下各部分依次又细分为纽、盘、肩、腰、口五部分。根据其有无盘分为两型，无盘錞于多属春秋时期，如山东沂水刘家店子一号墓[1]和江苏镇江丹徒东周墓（图一：1、2）[2]出土錞于，均为弧顶无盘。有盘錞于则从春秋到两汉，多有发现。而纽的形制多样，有环纽、兽纽、虎纽、马纽等，并随时代发展而变化。春秋中晚期，流行环纽。春秋晚期至战国中期，纽式丰富，出现环纽与兽纽并存的局面。战国晚期到汉代，虎纽最为常见，汉代出现了双虎纽和马纽。虎纽为其代表性特征，且盘内多有鱼、船等图案。

华通博物馆藏虎纽錞于（图二：3），通高42.5、腰径24、口径17厘米。腔体较高，盘外侈，鼓肩，自肩向下急收，腰部呈筒状，底为平口。盘素面，虎纽，虎昂首倨牙，长尾斜垂，尾端向上卷曲，身有简易纹饰。其形制特征，与涪陵小田溪二号墓出土虎纽錞于（图二：1）[3]和湖南石门县窖藏出土錞于（图二：2）[4]相似，属于战国晚期器物。

青铜錞于的造型独特，其功用也随时代不同而有所变化，是一种重要的军乐器和礼乐器，主要用于军阵打击，也用于宴乐、祭祀等场合。

錞于最主要的用途是作为军用乐器，作战时将錞于与钟、钲或鼓等配合使用，以此来调动军队或鼓舞士气。《国语·晋语》中赵宣子请师伐宋称："大罪伐之，小罪惮之。袭侵之事，

[1]　山东省文物考古研究所等：《山东沂水刘家店子春秋墓发掘简报》，《文物》1984 年第 9 期。

[2]　镇江博物馆：《江苏镇江谏壁王家山东周墓》，《文物》1987 年第 12 期。

[3]　四川省博物馆等：《四川涪陵地区小田溪战国土坑墓清理简报》，《文物》1974 年第 5 期。

[4]　龙西斌：《湖南石门县出土窖藏錞于》，《考古》1994 年第 2 期。

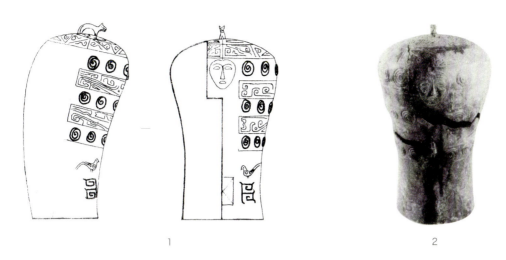

图一　江苏镇江丹徒东周墓出土錞于

1. 人面纹錞于（46 号）　2. 人面纹錞于（采 2 号）

图二　虎纽錞于

1. 涪陵小田溪出土錞于（M2:20）　2. 湖南石门金盆村出土錞于　3. 华通博物馆藏虎纽錞于

陵也。是故伐备钟鼓，声其罪也；战以錞于、丁宁，儆其民也。"韦昭注："丁宁者，谓钲也。"[5]可见錞于作为军乐，在两军对垒时常与钲配合。《国语·吴语》载："昧明，王乃秉枹，亲就鸣钟鼓、丁宁、錞于振铎，勇怯尽应，三军皆哗釦以振旅，其声动天地。"[6]记载了吴王夫差以敲击钟、鼓、钲、錞和铎等军用乐器来鼓舞士气的场景。《淮南子·兵略训》中也有关于鼓錞、錞钺在军中使用的记载[7]。

---

[5]　上海师范大学古籍整理组：《国语》，第 398 页，上海古籍出版社，1978 年。

[6]　同 [5]，第 608 页。

[7]　何宁：《淮南子集释》（下），第 1056、1095 页，中华书局，1998 年。

　　錞于往往与其他乐器同出。据考古发现，山东沂水刘家店子一号墓中，北库主要放置乐器，同出还有部分礼器、兵器、杂件、玉器。而乐器有铜甬钟、铃钟、镈、錞于、钲和石磬。在湘西北等地也均有虎纽錞于与铜钲、甬钟同出的现象。在重庆涪陵小田溪二号墓中也发现虎纽錞于（M2:20）与铜钲、编钟同出的现象[8]。在不同地区也有不同的组合方式，如在山东地区錞于一般与铜钲或铜铃结合使用，在川东、鄂西等巴人生活的地区錞于一般与编钟或钲组合使用，在江苏地区则一般与鼓等配合使用。文献记载，隋唐以降的宫廷礼乐中，錞于也常与铙、铎等归为一案，而在武舞中作为道具展现行兵布阵，用錞于等乐器调度军队的场景，这也从侧面反映了錞于作为军乐的主要用途。

　　錞于也是重要的礼乐器，主要用于宗庙、宴飨和祭祀等重要礼仪活动中。《周礼·地官·鼓人》载："以金錞和鼓。"郑玄注："錞，錞于也，圜如碓头，大上小下，乐作鸣之，与鼓相和。"《地官》中鼓人以六鼓和四金节制音乐、协调军队和指挥田猎。其中金錞即为铜质錞于，为四金之一，用以调和鼓声，这是所见关于錞于的最早文献记载。上海博物馆藏春秋晚期蟠龙纹桥纽錞于有铭文"用享以孝，子子孙孙永宝鼓之"[9]，是其用于宗庙祭祀的实物资料。长沙马王堆三号汉墓出土的简中也有关于錞于作为宴乐的记载。东汉以后，錞于作为军事乐器已少有使用。到南北朝时期，认识和知其功用的人已极少。刘宋时"民间犹时有其器"[10]。南齐时期，广汉什邡人段祖向始兴简王献錞于，当时演示了錞于的使用方法之一，称其为古代节制音乐的器物[11]。南朝尚有人知其用法和名称，而《周书·斛斯征列传》则记载从蜀中得来的錞于，当时已经没有人认识，直到为斛斯征所见，才让众人得知其名称和用途。而演奏方式也与《南史》等描述的不同，"（斛斯征）依干宝周礼注以芒筒捋之"，用以配合演奏[12]。可见錞于无论作为军乐还是礼乐，在南北朝时期，尤其是在北方已经衰落，所以才会有"古所以节乐"、"近代绝无此器"的说法。

　　隋统一之后定祭祀和礼乐制度，錞于又与钲、铎等军乐成为宴飨、祭祀时重要的礼乐器。《隋书·音乐志》载："至大业中，炀帝制宴飨设鼓吹，依梁为十二案。案别有錞于、钲、铎、军乐鼓吹等一部。"而又设武舞，舞人执干戚、旌、翿、铎、錞、铙等。依照《周礼·地官·鼓人》所载模拟古代行军打仗的场景，其中有"金錞二，四人舆，二人作"[13]。作为鼓吹乐器时，錞于为一案一件，而作为舞蹈道具时为两件，分别由两人举，一人奏。

---

[8]　a. 同 [3]; b. 徐中舒：《四川涪陵小田溪出土的虎纽錞于》，《文物》1974 年第 5 期。

[9]　马承源：《中国青铜器》，上海古籍出版社，1988 年。

[10]　《宋书·乐志》："八音一曰金。金，钟也，镈也，錞也，镯也，铙也，铎也。……今民间犹时有其器。"参见 ［梁］沈约撰：《宋书·乐志》，第 554 页，中华书局，1974 年。

[11]　［唐］李延寿撰：《南史·萧鉴列传》，第 1087 页，中华书局，1975 年。

[12]　［唐］令狐德棻等撰：《周书·斛斯征列传》，第 432 页，中华书局，1971 年。

[13]　［唐］魏征等撰：《隋书·音乐志》，第 344、358、382 页，中华书局，1973 年。

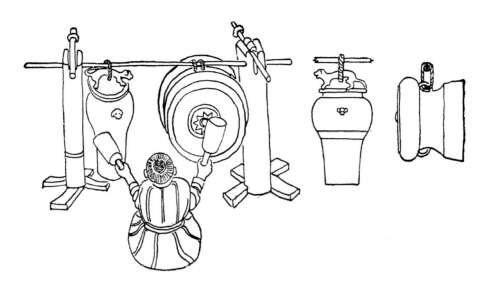

图三　晋宁石寨山贮贝器盖（M12:26）击铜鼓錞于塑像

　　唐代乐制沿袭隋代，朝会时设鼓吹十二案，案设羽葆鼓一、大鼓一、金錞一，歌、箫、笳皆二。而唐代八音的"金"，为镈钟、编钟、歌钟、錞、铙、镯和铎。亚献、终献时，作武舞之舞。经唐末动乱和五代纷争，原有的礼乐制度大多荒废，直到后晋天福五年，恢复文武二舞，其中鼓吹和武舞的编排基本沿袭唐代制度。

　　自隋以降，至宋、金、元各代，錞于始终归为礼乐鼓吹一部，在武舞（或为兵舞）中扮演着重要角色，并在朝会、祭祀等重要场合使用。

　　在鄂西、湘西、川东一带，錞于大部分都出土于窖藏。这些窖藏中的铜器以乐器为主，有研究者认为将錞于埋葬于地下，意义与西南地区少数民族埋葬铜鼓的意图相同，都是当时巴人用于祭祀山川、风雨、星辰。云南晋宁石寨山出土的杀人祭铜柱场面盖虎耳细腰铜贮贝器（M12:26）[14]上所铸形象中有一木架，架上悬铜鼓和錞于各一，一人跽坐，左右手各持槌作敲击状（图三），为錞于在祭祀中使用提供了珍贵的实物资料。

　　关于錞于的使用方法文献有不同的记载，南齐时灌水映水演奏，北周"芒筒捋之"，或悬挂映水演奏，或击筑地面等。出土的实物资料表明，除早期的个别錞于外，均有纽，而安徽宿县出土的春秋中期錞于虽有盘无纽，但盘上有镂孔，推测是用绳悬挂使用（图四）[15]。云南石寨山贮贝器（M12:26）上展示的是悬挂錞于木槌敲击的形象，结合两汉及之前的记载中錞于作为军乐使用推测，为便于阵前使用，乐器的设置和演奏应当并不复杂，应为直接悬挂击奏。至于南北朝时期及以后各异的演奏方式，可能是因为作为古乐器使用方法失传后的自行演绎，或是因为演变为武舞器使

[14]　云南省博物馆：《云南晋宁石寨山古墓群发掘报告》，第75～76页，图版五二～五五，文物出版社，1959年；易学钟：《晋宁石寨山12号墓贮贝器上人物雕像考释》，《考古学报》1987年第4期。

[15]　胡悦谦：《安徽省宿县出土两件铜乐器》，《文物》1964年第7期。

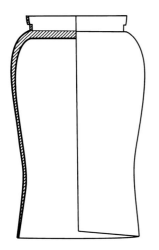

图四　安徽宿县出土錞于

然[16]，或为少数地区的特殊使用方法。是否为錞于原本的用法，尚无定论。

錞于的时代和地域特征明显。从已有的资料看，出土也集中在古代夷、吴越和巴等地。中原地区出土的錞于主要以山东为代表，时代集中于春秋时期；吴越地区錞于主要出土于江、浙、皖等地，多属春秋中期至战国早期；西南地区錞于主要集中于湘、鄂、川、黔等接壤地，时代主要集中于战国晚期至汉代。有关錞于的研究认为，錞于为中原地区的乐器，从黄河流域逐渐传播到长江流域[17]。然而也有研究者认为錞于的首创者可能为越人，而传播路线则是从长江下游传播至中原地域，战国末期从中原传至川东等地[18]。考古资料表明，山东沂水出土錞于（M1:94）为春秋中期，时代最早，江苏镇江丹徒东周墓出土錞于属春秋晚期，湘、鄂、川、黔等地錞于多属战国到汉代器物。錞于的推进过程中先向南传入长江下游，在越文化地区发展、传播，再进入长江中上游地区，并在湘、鄂、川、黔地区得到长足发展。在与当地民族和文化相互影响融合的过程中，形成了显著的地域和民族特征。

有关虎纽錞于的族属问题，多认为其与西南少数民族有关，而虎纽錞于集中出土于以湘西、鄂东、川东和黔东为中心的长江中下游地区，战国两汉时期的较为多见。江苏镇江8件大小成序列的錞于最早描述为"虎纽"，但虎的特征并不明显，或应称为"兽纽"。湖南楚墓中也出土了不少虎纽錞于。重庆涪陵小田溪二号墓出土的战国晚期虎纽錞于，通高47厘米，虎纽倨牙翘尾，根据出土地点和墓葬及随葬器物特征，认为它是晚期巴文化中极具代表性的器物之一。在楚文化、巴文化器物上虎纹是具有代表性的纹饰之一，而关于虎纽錞于的族属，则或认为与古代巴人有关。湘、鄂、渝等地是古代巴人聚居地，巴人与虎的关系十分密切。传说巴族的祖先"廪君"死后变成"白虎"。以虎为题材的纹饰较常见于巴人青铜器上，如兵器戈。巴族的传说故事，文献记载多与虎紧紧联系在一起。因此有研究者认为："錞于从东夷或越地传播到巴人地区，巴人将自己所崇拜的虎以纽的方式固定在錞于盘正中，作为一个群体文化的象征……"[19]但也有学者认为其与苗蛮系统的少数民族蜒有关。

[16]　《元史·礼乐志》："武舞器……金錞二，范铜为之，中虚，鼻象狻猊，木方趺。二人举錞，筑于趺上。"参见［明］宋濂等撰：《元史·礼乐志》，第 1706 页，中华书局，1976 年。

[17]　徐中舒、唐嘉弘：《錞于与铜鼓》，《社会科学研究》1980 年第 5 期。

[18]　熊传新：《我国古代錞于概论》，《中国考古学会第二次年会论文集》，第 87 ～ 88 页，文物出版社，1980 年。

[19]　邓辉：《虎纽錞于用途初探》，《四川文物》1994 年第 2 期。

虎纽錞于检测分析

虎纽錞于的测试内容主要分三个部分：

一、利用高精度计算机断层扫描系统获得层析图像，了解器物铸造工艺、表面细微缺陷、内部结构情况等。

二、分析该器物各种金属元素的含量。

三、分析青铜器上锈蚀产物的组成成分，了解该器物是否已受到有害锈的侵蚀。

一　工业计算机断层扫描

1.1 实验方法

依据GJB 5312-2004《工业射线层析成像(CT)检测》，将虎纽錞于固定于旋转台上进行数字照相(DR)和扇束扫描(CT)，对切片数据用软件VGStudio MAX2.1进行图像处理。

1.2 结果与讨论

虎纽錞于的CT图谱见图1.1～1.8。

利用工业计算机断层扫描技术对虎纽錞于层析成像，获取数字照相图和扇束扫描图。从图1.1～1.5中可以看出：虎纽錞于的肩部、腰及底部均有明显的较为规则的修补痕迹，肩部残片修补共4块，腰及下部修复6块，缝隙填充痕迹面积约16cm²。器物内部存在细小孔洞和裂缝，可能是由于当时铸造过程中存在的缺陷所致。

从图1.4～1.6中观察到虎纽为空心，且与盘的密度不同，纽与盘可能为分铸[1]。图1.7横向断面图有缺失，说明该器物下部有一个较大和多个较小的裂缝，可能是由于原有修复对器物修补不到位、填充粘接材料密度问题或者缺失较严重造成。

通过软件计算，整件器物通高408.27mm、肩宽237.51mm（图1.8）。

---

[1] 扫描时由于錞于直立放置，盘底平行于射线，厚度过大未能穿透，故在断面图中未能显示，现用虚线表示。

图 1.1　数字照相图

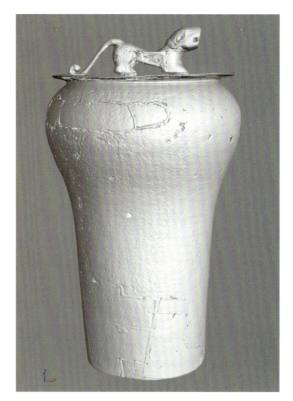

图 1.2　扇束扫描图

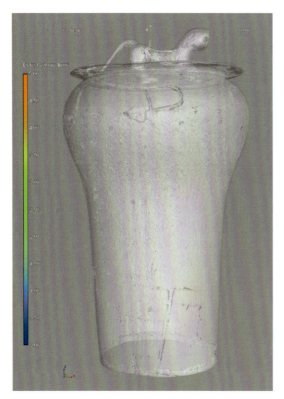

图 1.3　缺陷分析图

图 1.4　纵剖面图

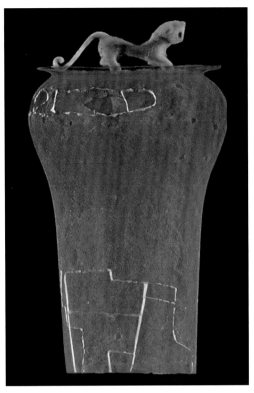

图 1.5　缺陷扫描图

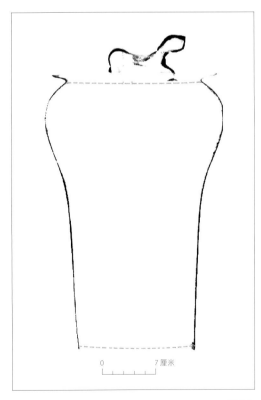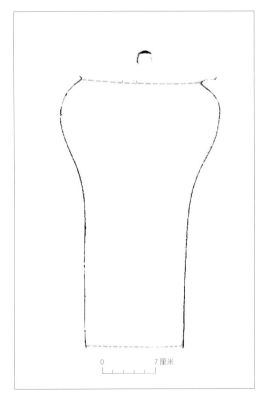

0　　　　　7厘米

0　　　　　7厘米

图 1.6　纵向断面图

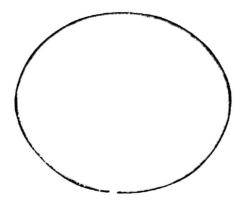

图 1.7　横向断面图

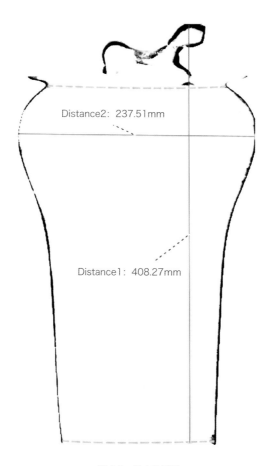

图 1.8　尺寸分析图

二 能谱定性分析

在不破坏器物本体的情况下，在每个部位选取至少五个测试点进行扫描，对器物本体的主量元素进行定性、半定量分析，结果见表1。

从虎纽錞于的纽、盘、肩、腰部位本体的能谱检测分析数据可知：该器物属于铜锡铅青铜，含微量铁；其中自上而下检测部位的铜含量有逐渐降低的趋势，而铅含量逐渐增高，可能是由于铜的密度远低于铅，在铸造过程中铅因密度大而下沉，导致器物下部铅含量略高于平均含量，铜含量低于平均值（表1；图2.1）。

表1 虎纽錞于本体元素组成(wt%)

检测点序号	检测部位	元素含量			
		Fe(铁)	Cu(铜)	Pb(铅)	Sn(锡)
1	纽	0.38	54.53	17.84	27.25
2		0.44	50.43	17.03	32.10
3		0.45	52.05	17.21	30.29
4		0.44	51.85	17.40	30.31
5		0.38	52.13	16.10	31.39
6	盘	0.43	52.50	16.34	30.73
7		0.44	51.92	15.85	31.80
8		0.43	51.75	15.63	32.19
9		0.39	50.50	16.36	32.75
10		0.45	49.99	16.58	32.98
11	肩	0.38	40.88	22.16	36.57
12		0.36	39.34	23.83	36.47
13		0.45	41.55	22.23	35.77
14		0.42	40.16	23.09	36.34
15		0.38	39.34	24.45	35.83
16	腰	0.28	38.25	25.25	36.23
17		0.35	38.09	25.80	35.75
18		0.38	38.81	25.55	35.26
19		0.41	39.62	23.75	36.22
20		0.37	38.50	24.07	37.07

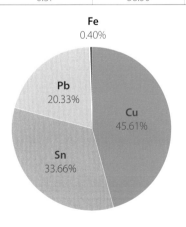

Fe
0.40%

Pb
20.33%

Cu
45.61%

Sn
33.66%

图 2.1 本体元素成分含量

三 锈蚀产物成分分析

为了解器物锈蚀状况以便于采取相应的保护措施，我们对其表面锈蚀产物进行了取样分析。

3.1 物相组成定性分析

3.1.1 实验方法

在器身采集少量锈蚀样品，用玛瑙研钵研磨至手触无颗粒感，将粉末填入长20mm×宽20mm×深0.5mm的玻璃样品槽内进行扫描。所用仪器为D/max-2550V/PC型多晶X射线衍射仪，解谱软件为Jade7.0，数据库为国际衍射数据中心（ICDD）的PDF-2标准衍射卡片库。其XRD谱图如图3.1。

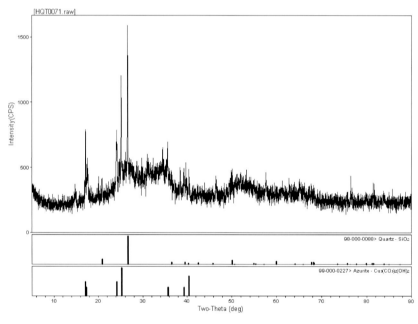

图 3.1 铜锈 XRD 图谱

3.1.2 结果及讨论

通过分析虎纽镎于铜锈的图谱，可见该器物铜锈的成分为蓝铜矿（$Cu_3(CO_3)_2(OH)_2$）和石英(SiO_2)。蓝铜矿为青铜器铜锈中常见成分，属于较稳定的青铜器锈蚀产物。而SiO_2可能来源于粘附在器物上土壤中的石英成分。

3.2 激光拉曼光谱分析

3.2.1 样品及实验方法

样品来自虎纽镎于的内壁，所用仪器为法国JY公司生产的HR型显微共焦激光拉曼光谱仪。采用532nm Nd:YAG激光器，50倍长焦物镜。

3.2.2 结果及讨论

样品的拉曼光谱分析结果如图3.2、3.3所示，与标准数据库中蓝铜矿的拉曼特征峰值（139、155、177、249、283、334、402、543、739、764、839、938、1098、1424、1458、1578cm^{-1}）十分接近，据此，可判定样品成分为蓝铜矿，与XRD分析结果相符。

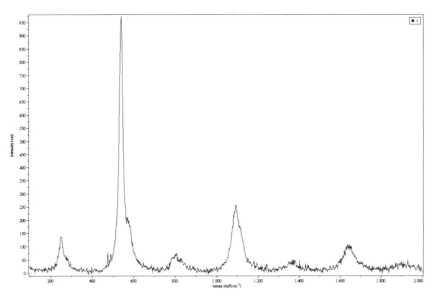

图 3.2　铜锈样品拉曼谱图

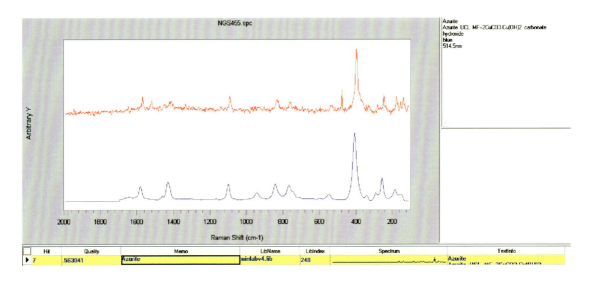

图 3.3　铜锈样品拉曼谱图标准对比图（——样品谱图，——蓝铜矿标准谱图）

青铜器与氧气作用生成Cu_2O，与环境中的H_2O、CO_2进一步腐蚀青铜器则生成一层绿色锈蚀物蓝铜矿。

3.3 热重与热稳定性分析法

3.3.1 试验方法

本次检测先使用两个空铝坩埚测出基线，然后取少量样品放于其中一个铝坩埚里面进行测试。

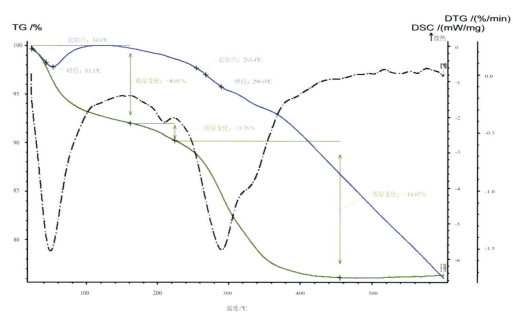

图 3.4　铜锈样品热重与热稳定性分析谱图

3.3.2 结果及讨论

图3.4中有三条曲线，分别为TG（绿）、DTG（黑）和DSC（蓝）。从TG及DSC曲线可知，铜锈样品经历了两次较明显的吸热过程，同时伴随着三次明显的质量变化。样品在34.0℃左右开始出现一次失重，推测这是由于加热失去水分所致，失重数值为8.01%；第二阶段失重较少为1.76%，推测为孔雀石（$Cu_2CO_3(OH)_2$）的分解放出H_2O；第三阶段为14.07%，推测为孔雀石（$Cu_2CO_3(OH)_2$）的分解放出CO_2，直到450℃左右分解反应停止。

四　结　论

通过对虎纽錞于的CT扫描和对本体及铜锈进行的无损测试分析，得出以下结论：

(1)虎纽錞于通高408.27mm、肩宽237.51mm，与人工测量有一定误差。

(2)CT扫描结果表明：虎纽錞于有明显修复痕迹，肩、腰下部均有大面积修复，肩部4块，腰下6块；纽与錞于的密度不同，两者为分铸关系；存在内部缺陷和裂缝；无纹饰。

(3)虎纽錞于的材质属于铜锡铅三元青铜，含锡量较高。

(4)锈蚀产物的主要组成为蓝铜矿和石英，没有发现有害锈。

(5)基于上述分析，建议对虎纽錞于采取有效的除锈保护措施，文物库房保存或展出时一定要控制好保存环境，避免与氯化物、硫化物、氮氧化物等一些腐蚀性物质接触。

成都華通博物館
CHENGDU HATON MUSEUM

Chengdu Haton Museum Collections

Bronze Ware Volume

成都华通博物馆
文物精萃

青铜器卷

成都华通博物馆 编

文物出版社

图书在版编目（CIP）数据

成都华通博物馆文物精萃 . 青铜器卷 / 成都华通博
物馆编 .—北京：文物出版社 , 2013.12
ISBN 978-7-5010-3901-2

Ⅰ . ①成… Ⅱ . ①成… Ⅲ . ①博物馆－文物－成都市
－图集②青铜器（考古）－中国－古代－图集 Ⅳ .
① K872.711.2

中国版本图书馆 CIP 数据核字 (2013) 第 292391 号

成都华通博物馆文物精萃

青铜器卷

成都华通博物馆　编

责任编辑　李缙云　　周艳明
责任印制　陆　联
装帧设计　李猛工作室

出版发行　文物出版社
地　　址　北京市东直门内北小街 2 号楼
邮　　编　100007
网　　址　http://www.wenwu.com
　　　　　E-mail:web@wenwu.com

制版印刷　北京方嘉彩色印刷有限责任公司
开　　本　889 毫米 ×1194 毫米　1/16
印　　张　13.25
版　　次　2013 年 12 月第 1 版
印　　次　2013 年 12 月第 1 次印刷
书　　号　ISBN 978-7-5010-3901-2
定　　价　320.00 元 (全九册)

目录

序 言

　　《成都华通博物馆文物精萃·青铜器卷》即将付梓出版，编者要我写几句话，考虑到与贵馆往日的联系，我很乐意在这里谈一点感受。

　　关于华通博物馆，早年虽然通过网络也有所了解，知道它是一座颇具规模的民间博物馆，及至前年实地参观，还是让我吃惊不小。且不说书画、瓷器的数量，单单青铜器分馆之大、藏品之多，在全国民间博物馆中也是屈指可数的。在此前后，我又应邀为华通博物馆的青铜器藏品写过介绍（收录在本书中），使我对这个民间博物馆有了深刻的印象。

　　本书收录的几件青铜器，具有较高的艺术价值和科学研究价值。器物形式、风格多样，既有中原青铜器中的重器，如春秋晚期的一对莲瓣方壶（通高65.5厘米），体量巨大，纹饰精美，且未有与之完全相同者；也有造型别致、纹饰细腻的南方青铜器，如蹲蛙铜鼓、兽首耳缶。几件有铭文的青铜器也值得一提。采获簋两件，不仅形制独特，而且各有铭文38字，作为册命金文，对研究西周中期的职官与册命制度有一定意义。鲍子鼎一件，根据铭文可知器物乃齐国著名贤臣鲍叔牙的后人为嫁女所作器，对春秋晚期齐国历史的研究颇有裨益。

　　限于篇幅，《成都华通博物馆文物精萃·青铜器卷》一书收录的青铜器不多，即便如此，从中也可以看出，成都华通博物馆的藏品比起一些国营博物馆的藏品，也并不逊色。

　　华通博物馆收藏、展出不少级别较高、铸造精美的青铜器，说明它不是一般的民间博物馆，因为青铜器是一种具有标志性的藏品。在当今中国，一般的民间博物馆的藏品多为陶瓷器、书画之类，很少能拥有大宗青铜器。一个民间博物馆将青铜器作为自己的重要藏品，不仅需要巨大的财力，更需要宽阔的眼界和丰厚的学识。古往今来，只有那些胸怀大志、眼光独到且具有历史感的收藏家才会去关注青铜器。

四川腹地、成都平原，可谓文化灿烂、文人荟萃之地，自古就有青铜器收藏与研究的传统。据北宋吕大临的《考古图》记载，远在900多年前，四川眉山的苏东坡，就收藏有一件楚王钟，此器"得于钱塘"，应是他在杭州做官时所得。80年前，四川乐山的郭沫若，发表《两周金文辞大系考释》，一时惊艳学术界，从此开辟现代青铜器研究的新天地。

谈起青铜器，往昔总是称道中原地区，而半个世纪以来四川出土的青铜器，则令国人刮目相看。1980年代广汉三星堆遗址、21世纪初成都金沙遗址出土的商代青铜器，1959年彭县竹瓦街窖藏出土的西周青铜器，1980年代新都马家乡九联墩墓出土的东周青铜器，均具有里程碑式的意义，震惊了中国，在世界青铜文化领域也占有重要位置。

而今，青铜之光又一次在华通博物馆闪耀，令人欣喜，令人鼓舞。借此机会，祝愿成都华通博物馆更上一层楼，中国民间博物馆事业兴旺发达。

张懋镕

癸巳年清明节前写于
陕西师范大学青铜文化研究中心

成都華通博物館
CHENGDU HATON MUSEUM

ISBN 978-7-5010-3901-2

9 787501 039012 >

定价：320.00 元（全九册）